어느 과학자의 점심시간

어느 과학자의 점심시간

포퓰리즘 방정식 풀이

populism populisa

임중연 지음

세종미디어

'눈속임 정치, 국민이 심판자'
속 시원하고 적나라한 정치행태 고발서

추천의 글을 쓰는 사람은 저자와 포퓰리즘 문제에 관해 많은 대화를 나누어왔다. 드디어 저자는 그런 대화들을 기초로 책을 만들고 말았다. 『어느 과학자의 점심시간』은 기존의 포퓰리즘 이론서와는 다른 시각으로 포퓰리즘에 접근하고 있다. 기존의 이론서들이 포퓰리즘 자체에 대한 연구에 치중했다면 『어느 과학자의 점심시간』은 이러한 개념적 연구에 국민적 경계심을 고취시키기 위한 현실적이고 우화적인 요소를 가미한 것이라 볼 수 있다.

책을 접하기 전까지만 해도 여느 포퓰리즘 서적들과 별반 다를 것이 없는 이념서일 것이라 치부했지만 책장을 펼치고 읽어 내려가는 내내 내 자신이 포퓰리즘 정책에 농락당하고 있다는 느낌을 떨쳐버릴 수 없을 만큼 현실적이고 개인적인 얘기들로 다가왔다.

이 책은 역대 정권의 숫자놀음으로 촉발된 IMF사태에서부터 동네 공항으로 전락한 청주국제공항, 교육포퓰리즘의 희생양이 된 '특정한 세대' 뿐 아니라 수많은 역대 정권의 선심성 정책들이 빚어낸 경제후퇴, 예산낭비, 국민적 빈곤 등에 대해 가감 없이 속 시원히 파헤

치고 있다. 또한 정권만 획득할 수 있다면 거짓공약을 내세워서라도 표만 얻어내면 된다는 식의 대책 없는 정치행태를 적나라하게 고발하고 있다.

무엇보다 저자는 선거철마다 난무하는 포퓰리즘 공약들이 국민의 삶을 갈수록 고단하게 만들고 있지만 정작 국민들은 이러한 선심성 유혹에 여전히 쉽게 빠져든다는 점을 지적한다.

지금 정치권은 2012년 양대 선거를 앞두고 무상복지 메뉴판 짜기에 여념이 없다. 더 많은 것을 공짜로 줘야 이길 수 있는 게임이지만 실상은 공짜복지가 아닌 세금복지라는 사실도 그들은 알고 있다.

이 책은 이러한 정치권의 눈속임 전략을 제대로 간파하고 포퓰리즘 정책에 대해 국민 스스로가 객관적으로 판단할 수 있는 다양한 사례와 기준을 제시하고 있다는 점에서 대국민 포퓰리즘 지침서라고 해도 전혀 부족하지 않을 것이다.

이종찬   변호사, 전 대통령실 민정수석비서관

원고를 쓰기 위해 펜을 드는 순간까지도 많은 생각들이 오갔다. 로봇기술 연구자가 정치와 관련된 이슈를 다룬다는 것이 독자들이 보기에 가당키나 할까, 하는 의문이 들었기 때문이다. 그러나 심적인 부담감을 떨쳐버리고 결국 포퓰리즘에 대한 책을 집필하기로 마음먹었다.

최근 한국의 금융시장을 뒤흔든 유럽의 재정위기가 사실상 유럽의 포퓰리즘에서 비롯되었고, 2012년 총선과 대선이라는 양대 선거를 앞두고 새로운 정치이슈로 떠오른 것도 바로 포퓰리즘이기 때문이다.

정치학, 사회학적인 연구대상이었던 포퓰리즘은 이제 온 국민의 현실적인 삶에 지대한 영향을 미치고 있다. 따라서 한국정치의 앞날을 걱정하는 한 사람의 국민으로서, 미래과학을 연구하는 과학자로서 포퓰리즘에 관심을 갖는 것은 어쩌면 당연한 일일 것이다.

로봇의 경우 시스템이나 장치에 문제가 생기면 예상치 못한 비정상적인 움직임을 보이거나 아예 동작을 멈춘다. 최근 정치권에서 언급하고 있는 복지구상은 설계도조차 없이 만들어질 도우미로봇이 제대로 작동할 것이라고 호언장담하며, 언제 비정상적으로 움직이거나 아예 동작을 멈출지도 모르는 이 로봇을 사라는 것이나 마찬가지다.

2012년 선거를 겨냥해 여야는 '보편적 복지', '선별적 복지', '참여형 복지'라는 복지이슈를 들고 나와 표를 얻기 위해 노력해 왔고, 앞으로 더 많은 복지공약들을 쏟아낼 것으로 보인다.

지금 그리스, 이탈리아 등 많은 유럽 국가들이 고통스러워하는 재정위기가 표를 얻기 위한 정치 포퓰리즘에서 비롯되었다는 것은 모두가 알고 있는 사실이다. 이런 상황에서도 정치권은 이들의 복지 포퓰리즘을 선진국형 모델이라며 따라 하려고 한다. 역대 정권의 포퓰리즘 행태는 국민의 삶의 질을 더욱 저하시키는 요인으로 작용했다. 그러나 국민들은 여전히 포퓰리즘에 대한 이해와 관심 부족으로 또다시 정치권의 유혹에 빠져드는 모습을 보이고 있다.

이 책을 집필한 이유가 바로 여기에 있다. 기존의 포퓰리즘 이론서나 학술서와는 달리 국민들이 포퓰리즘에 대해 보다 쉽게 이해할 수 있는 책, 정치권의 선심성 공약들이 얼마나 무서운 결과를 만들어내는지 알려줘서 경각심을 일깨우는 책을 쓰고 싶었던 것이다. 이 책이 포퓰리즘에 대한 국민적 이해를 높여 국민들이 선심성 공약을 과감히 거부함으로써 또다시 이 땅에서 5년을 후퇴하는 정치가 되풀이되지 않기를 바라는 마음 간절하다.

2012년 1월 서초동에서 임중연

PART 1
풀리지 않는 포퓰리즘 방정식

PART 2
대한민국은 포퓰리즘 공화국

PART 3
몽상가 정치인의 무상시리즈

PART **4**
2012년 여·야 복지전쟁이 시작된다

PART **5**
포퓰리스트, 그들의 실상은?

PART **9**
국가위기 불러일으킬 포퓰리즘

PART **10**
성장시대를 향한 도전

포퓰리스트들은 생계가 어려운 경제적 하위계층을 향해 지상낙원을 건설하겠다고 외치지만 이는 자신들의 기득권을 확보하기 위한 정치적 구호에 불과하다. 이렇다 보니 '증세 없는 무상복지'라는 공식도 애초부터 풀리지 않는 방정식에 지나지 않는다.

풀리지 않는
포퓰리즘 방정식

'반구부추' 재정 없는 복지가 가능한가?

반구부추反裘負芻(가죽옷을 뒤집어 입고 풀을 지다)는 한나라 때 유향劉向이 지은 『신서新序』에 나오는 말로 어리석어서 일의 중요한 부분과 중요하지 않은 부분을 알지 못한다는 뜻이다.

전국시대 때 위나라 문후文侯가 유람 중에 가죽옷을 뒤집어 입고 풀을 지고 가는 사람을 보았다. 문후가 그에게 물었다.

"그대는 어찌하여 가죽옷을 뒤집어 입고 풀을 지고 있는가?"

그가 대답했다.

"가죽옷의 털이 닳을까 아까워서 그렇습니다."

문후가 다시 물었다.

"가죽옷의 가죽이 닳아 없어지게 되면 털이 붙어 있을 곳도 없어지게 된다는 사실을 그대는 모르는가?"

이듬해 동양東陽이라는 지방에서 문후에게 이전보다 10배나 많은

조공을 바쳤다. 그러자 대부大夫들은 모두 문후에게 축하한다고 했다.
하지만 문후는 이렇게 말했다.

"그곳은 땅도 백성도 늘지 않았는데, 어찌 조공만 10배나 늘 수
있단 말인가. 이는 그 지방관리가 무리하게 백성에게서 세를 무겁게
징수한 것임에 틀림없다. 백성이 편안하지 않으면 통치자도 그 자리를
누릴 수 없으니 이는 축하할 일이 아니다."

요즘 정치권에서는 달콤한 얘기들이 쏟아져 나오고 있다. 반값등
록금에 무상보육, 무상급식, 무상의료까지, 참으로 반가운 얘기들이
다. 돈을 받지 않고 공짜로 주겠다니 국민들의 귀가 솔깃해질 만하다.

그러나 냉철하게 생각해야 한다. 선거철만 되면 나오는 이러한 선심성 공약에 속아 패망한 국가들이 어디 한둘이던가.

선진국을 슬럼가로, 경제대국을 부채대국으로 전락시킨 것이 바로 포퓰리즘이다. 공짜복지로 인해 눈덩이처럼 커져가는 국가채무는 누가 감당할 것인가. 바로 국민, 즉 우리들이다.

우리도 가죽옷의 털만 아끼려다 털이 붙어 있어야 할 가죽이 닳아 없어지는 꼴을 당할 수 있다. 가죽이 없어지면 털이 붙어 있을 곳도 없어진다.[1] 재정 없는 복지는 있을 수 없고, 민심이 돌아선 정치는 정치로서의 의미가 없다.

꼼꼼히 따져보고 올바른 판단을 내려야 한다. 잘못하면 포퓰리즘으로 국가부도위기를 맞은 유럽의 국가들처럼 한국 역시 털만 남은 국가가 될 수도 있기 때문이다.

포퓰리즘, 어디서 왔나?

서양에서 포퓰리즘이 처음 등장한 것은 기원전 2세기 로마시대이다. 당시 호민관이었던 그라쿠스 형제가 개혁 지지 세력을 확보하기 위해 시민들에게 땅을 나눠주고 옥수수도 시가보다 싸게 판 것을 포퓰리즘의 기원으로 보고 있다.

근대에 들어서는 1870년 러시아에서 전개된 '브나르도(인민 속으로) 운동'을 포퓰리즘의 시초라고 보는 시각이 우세하며, 어원은 1891년 미국에서 결성된 인민당People's Party의 당원들을 포퓰리스트라고 부른 것에서 기인한다.

러시아의 브나르도 운동은 자본주의 경제구조를 깨뜨리고 러시아 농촌사회의 전통적 공동체인 '미르Mir'를 근간으로 한 새로운 사회 건설을 꿈꿨다. 그러나 지식인 운동이라는 한계를 벗어나지 못해 농민들의 호응을 얻지는 못했다.

미국의 인민당은 당시로서는 혁명적이라 할 수 있는 누진소득세,

상원의원 직선제, 교통 및 통신에 대한 정부 규제, 거대기업 간 담합금 지조치를 주장했다. 남부 농민들이 주축이 된 국민당은 기업가, 은행가, 대지주 등에 맞서 소농 지주와 숙련 노동자들의 권익을 찾으려 했다. 그러나 인민당은 결성된 지 20년도 채 안 되서 해체되고 말았다.[2]

포퓰리즘은 지금의 정치세계에 넓고 깊게 퍼져 있다. 특히 2012년 총선과 대선을 앞두고 국내 정치권에서는 여야를 막론하고 '증세 없는 무상복지'라는 포퓰리즘에 빠져 매시간 국민들을 호도하고 있다.

정치권에서 포퓰리즘이 난무할 경우 국민의 생활은 어디까지 추락하게 될까? 참으로 두려운 일이다.

포퓰리즘은 사회계층 간의 분열을 조장하고 국가의 재정을 파탄에 이르게 하는 엄청난 파괴력을 갖고 있다. 이는 중남미의 바이러스라 불리는 아르헨티나의 페론주의나 베네수엘라의 우고 차베스의 포퓰리즘을 통해서도 여실히 드러났다.

부도국가, 무능한 정권의 대명사
페론과 차베스

20세기 초만 해도 아르헨티나는 세계 10대 부국이었다. 그러나 지금 우리의 눈에는 단지 축구를 잘하는 후진국으로 비쳐질 뿐이다.

그동안 대체 아르헨티나에서는 무슨 일이 있었던 것일까?

그 몰락의 중심에 바로 후안 페론Juan Peron이 있다. 노동장관 시절, 후안 페론은 노동조건 개선과 임금인상 정책들을 관철시켜 노동자들로부터 큰 인기를 얻었다. 그는 여세를 몰아 '일리고이엔 정권 타도'를 외치며 군부 쿠데타를 일으켜 1946년에는 노조정당으로 집권하게 된다.

후안 페론은 대통령이 된 후 줄곧 사회주의를 외치며 언론보도와 자유를 탄압하고, 외국자본을 배제하면서 산업을 국유화시켰다. 그는 헌법을 개정하고 1951년 재선에 성공해 독재정치를 이어갔지만 결국 교회탄압을 계기로 혁명이 일어나 추방되기에 이른다.

문제는 그가 내세운 정책들에 있었다. 페론은 국토의 3분의 1을 강제로 빼앗아 서민들에게 나눠줬다. 지방분권을 돕는다며 텔레비전 생산 공장을 수도에서 3000㎞ 떨어진 남극 옆에 세우는 등 엉뚱한 정책들도 많이 펼쳤다. 생필품이 부족해질 때마다 군인들을 동원해 외국기업들의 물품을 빼앗아 빈곤층에 나눠주기까지 했다. 그는 국제적 망신은 아랑곳하지 않았다. 정치적 지지 기반인 무산계급으로부터 환호만 받으면 된다는 식이었다.

당시 서구 언론들은 페론 정부의 정책을 부자의 재산을 빼앗아 가난한 사람에게 나눠주는 로빈 후드와 유사하다는 점에서 '로빈 후드 포퓰리즘'이라고 표현하기도 했다.

페론의 아내인 에바Eva도 그에 못지않았다. 그녀는 의료진과 의료 장비를 실은 기차를 타고 전국을 누비며 의료진에게 무료진료를 실시하도록 지시했고, 트럭에 돈을 가득 싣고 빈민촌을 돌면서 가난한 자들을 돕는다며 돈을 뿌려대기까지 했다.

대중의 인기를 얻는 데만 급급했던 이런 '퍼주기식' 정책들은 곧바로 부메랑이 되어 국민들에게 고통으로 돌아왔다. 높은 인건비로 몸살을 앓던 기업들은 줄줄이 도산했고, 실업률은 급등했다. 당시 5% 정도였던 빈민층이 지금은 54%에 이르렀고 실업률은 21.9%까지 뛰었다. 마침내 10대 부국이었던 아르헨티나는 부도국가로 전락해 국제사회에서 퇴출되기에 이른다.

또 다른 유명한 포퓰리스트 우고 차베스 베네수엘라 대통령은 평범한 출신성분을 내세워 빈곤층의 환심을 사는 데 성공했다. 그에게 있어서 포퓰리즘 정책은 통치수단이자 방패막이였다. 그는 부자와 빈민을 편 가르기 하고 기득권 세력을 배제하여 사회적 갈등을 심화시키는 등 전형적인 포퓰리스트의 모습을 보였다. 무료의료·교육 서비스를 제공해 가난한 사람들의 지지를 얻은 그는 연간 20만 채의 집을 지어주겠다는 실현 불가능한 공약을 내세우기도 했다.

대외적으로 정치적인 영향력을 얻기 위해 주변 국가들에게 석유를 반값에 팔기도 했고, 미국의 빈민층에게 값싼 난방유를 공급하고 영국 런던의 저소득층 시민들에게 버스요금 할인혜택을 주기 위해 1년에 3200만 달러를 지출하기도 했다. 인구 2800만 명 중 80%가 빈곤층인 나라의 대통령이 말이다.

베네수엘라는 인구 4분의 1이 실업자이며, 직업이 있어도 그중 3분의 1은 야간에 부업을 해야 생계를 꾸릴 수 있을 정도로 중산층이 없는 나라이다.

차베스는 이러한 빈곤층을 위한다는 명목으로 급진적인 포퓰리즘 정책을 펼쳐 무능한 정권을 유지하고 있는 것이다.

페론과 차베스의 사례 모두 어떤 나라이든 통치권자가 국가의 현재와 미래에 대한 확고한 원칙이나 기준 없이 포퓰리즘에 빠지면 국가부도라는 엄청난 재앙을 가져올 수 있다는 것을 여실히 보여주고 있다.

정치 포퓰리즘 공식
'나누고 베풀고 챙겨라'

포퓰리즘이 무서운 가장 큰 이유는 이 운동을 주도하는 자나 그를 추종하는 세력들이 모두 '기회주의자'라는 점이다. 포퓰리스트들은 겉으로는 가난하고 힘없는 서민계층을 위한 '지상천국'을 건설할 것처럼 말하지만 실상은 자신들의 정치적 기득권을 확보하는 것 외에는 관심이 없다.

이분법, 다수는 아군·소수는 적

그들이 기득권을 확보하기 위해 필수적으로 사용하는 것이 바로 이분법이다. 즉 국민 계층 간 분열을 조장해 다수의 대중을 자신의 편으로 끌어들이려는 전술이다.

그들은 공통된 문제로 걱정하고 고민하는 대다수 서민의 고통을 해결해 줄 것처럼 호도해 이들을 자신의 편에 서도록 만든 후 '우리'라는 표현을 써서 굳건한 동지의식을 심어준다. 그러는 한편 이들과 대치되는 특정계층을 찾아내 '공공의 적'으로 규정하고, 서민들이 특정계층에 더 큰 적개심을 갖도록 만든다. 그런 다음 자신들이 서민의 편에 서서 그들의 이익을 지키기 위해 그들을 억압하는 특정계층과 싸우는 것처럼 연출한다.

유럽의 많은 포퓰리스트들이 이민자, 실업자, 특정 인종, 동성애자 등을 포함한 사회 소수계층을 혐오세력, 극단세력으로 몰아붙여 공격해 온 것도 바로 이러한 이유에서다. 특히 실업률이 급증하고 있는 유럽의 경우, 외국 이민자들은 노동자층의 표를 얻고자 하는 포퓰리스트들에게는 좋은 '먹잇감'이 된다. 포퓰리스트들은 이민자들을 악으로 규정하여 그들이 자신의 일자리를 빼앗고 있다고 생각하는 저소득층 노동자들의 지지를 이끌어내기 위한 정치적 재물로 활용한다.

정치에 있어 이러한 이분법 전략은 특정집단에 대해 피해의식이나 불만을 가진 사람들을 한곳에 모아 자기편으로 만드는 데 매우 유용하게 사용되고 있다.

유럽의 포퓰리스트들이 아군과 적군을 나누기 위해 실업률을 이용했다면 한국의 포퓰리스트들은 표밭을 일구기 위해 줄곧 민족의 암울한 역사를 이용했다고 할 수 있다.

일제강점기를 거치고 한국전쟁을 치른 우리 국민들에게는 반일·반공 정서가 깊숙이 뿌리 박혀 있다. 이 같은 정서는 포퓰리스트들에게는 자신들의 선동전략을 성공적으로 수행하기 위한 훌륭한 소재가 아닐 수 없다. '빨갱이', '친북세력'이라는 단어도 이러한 선동전략에서 나온 정치적 구호이다.

시대가 변화함에 따라 사회계층은 다분화되고, 이들의 사회적 요구가 절실해질수록 포퓰리스트들은 더 많은 아군과 적군을 만들어낸다.

요즘처럼 세계적인 경기침체로 서민들이 심각한 생활고를 겪고 있는 상황에서 '재계-서민', '재계-노동자' 등으로 가진 자와 가지지 않은 자를 아군과 적군으로 구분해 대치시키는 것도 그들의 고전적인 수법 중 하나이다.

선심성 정책, '우선 베풀고 보자'

자신의 편, 즉 사회·경제적으로 시급하고 절박한 문제를 안고 있는 다수층이 정해지면 포퓰리스트들은 눈앞의 이익으로 이들을 현혹해서 환심을 사려 한다. 포퓰리스트들은 구조적인 환경개선 등 장기적인 정책에는 그다지 관심이 없다. 단지 국가예산을 활용해 지금 당장 자신들이 무엇을 하고 있다는 것을 보여줄 수 있는, 가시적인 효과가 큰 정책들만을 내세운다. 선거철을 맞아 세금을 깎아주겠다거나 모든 사람에게 금전적인 혜택을 주겠다고 공약하는 것 등이 좋은 예이다.

이렇다 보니 동서고금을 막론하고 포퓰리즘 정책으로 비롯되는 한 가지 공통점은 대다수 국민들, 특히 서민들의 삶이 더욱 어려워진다는 사실이다. 선심성, 단기성 정책개발에만 집중하다 보니 관료들은 경제와 사회의 구조적 문제를 해결할 수 있는 방법에 신경 쓸 겨를이 없어 결과적으로 문제는 더욱 악화되고, 거대한 정책비용이 소요되면서 재

정악화까지 가져오는 악순환이 되풀이되는 것이다. [3]

표를 향한 집착, '염불보다는 잿밥'

포퓰리스트들은 야당 시절에는 세상을 다 바꿀 것처럼 요란하게 행동한다. 그들은 서민을 순수하고 위대한 역사의 주인공, 국가의 주인으로 치켜세우며 자신들이 앞장서서 지배계층에게 부당한 대우를 받는 이들의 억울함을 대변해 싸울 것을 약속한다. 체제개혁의 선봉장인 것처럼 자신을 포장하면서 정권을 차지하기 위한 경쟁에 나서는 것이다.

하지만 일단 집권하고 나면 그들은 언제 그랬냐는 듯 온건한 타협

노선으로 선회하고 만다. 결국에는 정권을 차지하기 위해 '악'으로 규정했던 경제적 실세들과 함께 살아갈 방법을 찾고, 보수적인 행정논리를 펴게 되는 것이다.

현실에 안주하기는 대중도 마찬가지다. 생존경쟁에 시달리는 다수 대중은 개혁에 따르는 고통을 견디기보다는 눈앞의 실리를 차지하기를 원한다. 문제의 해결책을 찾기보다는 차려 놓은 밥상에 숟가락을 얹으려고만 하는 것이다.

이처럼 지도자나 대중이 '염불보다는 잿밥'에 관심이 더 많으면 포퓰리즘 특유의 선동정치가 성행하게 된다.[4] 포퓰리스트 운동을 좌우하는 것은 이성적인 논리보다는 감성적이고 자극적인 논리이기 때문이다.

'포퓰리즘 바이러스'는 20여 년이라는 짧은 기간 안에 한국정치의 깊숙한 곳까
지 파고들었고, 이제 대한민국은 정직한 정치인이 국가운영을 하기 힘든 '포퓰리
즘공화국'으로 변질되고 말았다. 이로 인해 국민의 정치적 불신은 커지고 있고,
경제성장은 둔화되고 있으며 국가재정은 크게 위협받고 있다.

PART 2

대한민국은
포플리즘 공화국

역대 정권이 남긴 역사적 흉물

국내정치에서 포퓰리즘이라는 말이 처음 사용된 것은 김대중, 노무현 정권에 대한 부정적 시각이 사회적 이슈로 등장하면서부터다. 1997년 김대중 당선자가 KBS 방송 프로그램에 출연한 것을 두고 조선일보가 칼럼에서 '포퓰리즘은 일종의 대중인기에 영합하려는 정치인의 이미지 전략'이라고 규정한 것이 시초였다.[5]

두 정부가 그전의 정부와는 달리 경제성장보다는 분배 위주의 복지정책에 더 많은 신경을 썼던 것은 사실이다. 김대중 정부가 '생산적 복지'를 주장하며 복지정책의 틀을 마련하자 노무현 정부는 '참여복지'를 내세우며 양극화 논쟁에 불을 지폈다. 결국 두 정부의 방만한 재정지출로 인해 국민들의 조세부담은 늘어나고 말았다.

현 정부의 친서민 정책에도 포퓰리즘 성향이 강하게 나타난다. 집권 초기에 친기업, 친성장의 기치를 내걸었던 현 정부는 정권 말기에 이르러 서민층의 지지율이 급격히 떨어지자 친서민 정책, 즉 포퓰리즘 정책들을 쏟아내고 있다.

국가의 장래보다는 대중의 인기에 더 많은 신경을 썼던 역대 정권의 포퓰리즘적 발상들은 정권이 물러난 지금까지 국가경제 발전을 가로막으며 국민의 세금을 갉아먹는 흉물들을 만들어냈다.

IMF에 국가경제권 내준 '숫자놀음'

1997년 12월 24일 원·달러 환율 1964.80원, 1998년 6월 15일 코스피KOSPI 지수 277.37포인트, 온 국민에게 악몽 같은 순간이었다. 국가파산설까지 나돌았다.

1997년 경제위기는 외한보유고가 바닥이 나면서 시작됐다. 1997년 중반부터 극심한 무역적자로 원화가 고평가되어 있다고 판단한 국내외 외환투자자들은 상대적으로 싼 달러를 마구 사들여 해외로 유출했고, 원화의 달러 환율을 800대 1로 유지하려 했던 김영삼 정부는 가지고 있던 달러를 마구 내놓았다. 그 바람에 외환보유고가 바닥을 드러내게 된 것이다.

당시 정부가 정치적으로 내세웠단 공약 '국민소득 1만 달러 시대'에 지나치게 매달린 것이 화근이었다. 당시 1인당 국민소득이 800만 원이었는데, 이를 800대 1이라는 환율로 계산하면 국민소득이 1만 달러가 된다. 그러나 환율이 1000대 1로 올라갈 경우 국민소득은 8000달러로 떨어진다. 따라서 김영삼 대통령의 임기가 끝나는 1997년 말까지 환율을 800대 1로 유지한다면 적어도 임기 동안에는 국민소득을

1만 달러로 유지했다는 선전을 정치적으로 할 수 있게 되는 것이었다.

동네 공항으로 전락한 청주국제공항

청주국제공항은 1999년 삼성경제연구소가 실시한 가장 '성공적이지 못한 국책사업'을 묻는 설문조사에서 2위를 차지했다. 1997년 4월 문을 연 청주국제공항은 1983년 아웅산 사건 직후 청주가 북한의 장거리포 사정권 밖에 있다는 말에 솔깃한 전두환 대통령의 지시로 위치가 정해졌다. 그 후 사업이 진척되지 않고 흐지부지되었다가 1987년 대선 때 충청권 표를 의식한 대권 후보들이 '청주국제공항 건설'을 공약으로 내세워 다시 수면 위로 떠올랐고, 결국 완공되었다.

전주신공항도 마찬가지다. 당초 2010년까지 미군기지 안에 있는 군산공항을 민항기용으로 활용할 계획이었으나 1996년 총선과 1997년 대선 때 너도나도 공약으로 내세워 1998년에 전주신공항사업을 공항개발 중장기 기본계획에 포함시키고 말았다.

당시 시민단체들은 "군산에서 전주를 잇는 고속화도로가 완공되면 전주와 군산은 자동차로 30분 거리다. 군산공항을 두고 김제(전주신공항 위치)에 공항을 짓는 것은 김포공항 가는 길이 막힌다고 영등포에 공항을 짓는 격"이라며 격렬하게 반대했다. [6] 그럼에도 불구하고 정치권의 지역 표 경쟁은 공항으로 가는 동네 공항을 만드는 난센스를 연출했다.

교육포퓰리즘의 희생양 '이해찬 세대'

'이해찬 세대'라는 말, 들어본 적이 있을 것이다. 이해찬 교육부 장관이 재임하던 1998~1999년에 중학교나 고등학교를 다녔던 학생들을 두고 하는 말이다. 이들은 '공부 안 해도 대학 간다.'는 정책을 믿고 수능보다는 특기·적성교육에 더 매달렸다. 새 정책에 따라 자율학습과 0교시, 보충수업이 사라졌다.

결과는 충격적이었다. 2001년 11월 대입수학능력고사 성적은 역대 최저였다. 학생들은 '모두 다 같은 조건'이라고 생각했지만 아니었다. 재수생과의 경쟁에서 밀리면서 출발점에서부터 크게 뒤처지고 만 것이다.

이에 앞서 1980년 신군부는 이른바 7·31교육개혁조치를 통해 전격적으로 본고사를 폐지하고 대학 졸업정원제를 도입했다. 복수지원까지 허용한 그해 입시는 말 그대로 아수라장이었다. 미달 학과가 속출하면서 낙제점을 받고도 서울대 법대에 합격한 학생이 있는가 하면 실력을 갖추고도 배짱 부족으로 하향 지원해 피해를 본 학생들도 많았다.

두 사례의 문제점은 모두 교육포퓰리즘에서 비롯된 것이다. 과외가 망국병으로 인식되던 시절 정부가 사교육을 근절하고, 공교육을 활성화하겠다는 것 이상으로 국민들에게 호응을 얻는 일도 드물었다. 대중의 인기를 얻는 데만 급급하다 보니 전혀 현실성이 없고 제도적으로 뿌리내릴 수도 없는 정책을 도입하고, 억지 춘향식으로 시행하게 된 것이다. 수험생들만 '실험실의 생쥐'요, '표본실의 청개구리'로 전락한 게 아니었다. 교육행정에 대한 믿음이 크게 떨어진 것은 물론 장기적으로는 국가경쟁력이 약화되었다.[7]

동남권 신공항, 표票 챙기고 정권 말기에 백지화

선심성 공약은 선거가 달아오를수록 봇물 터지듯 터져 나온다. 무조건 이기고 보자는 당선 만능주의 앞에 공약에 대한 경제성, 실현성 검토는 뒤로 밀리고 만다. 지방공항 건설이 그중 하나다. 지방자치단체장과 대통령선거에서 지역 표를 얻기 위해 사업성 검토 없이 시시때때로 공항을 짓다 보니 전국 15개 공항 중 인천국제공항, 김포·제주·김해공항을 제외한 11개 지방공항은 매년 적자에 허덕이고 있다. 하루 이용 승객보다 공항 직원 수가 더 많은 곳이 있는가 하면 활주로가 고추 말리는 마당으로 쓰이는 곳도 있다.[8]

대표적인 인기성 공항사업공약으로는 자그마치 10조 원이나 들어가는 '국제허브공항'인 동남권(영남) 신공항사업을 들 수 있다. 이 역시 정부의 대선공약이었지만 정권 말기가 돼서야 경제성이 없다는 이유로 백지화됐다.

사실 동남권(영남) 신공항은 김영삼 정부 때인 1995년에 검토되었다. 하지만 제4차 국토종합계획안에 반영되지 않다가 16대 대선을 앞둔 2002년 4월 김해공항 중국민항기 대형 참사사건 이후 다시 수면

위로 떠올랐고. 국토종합계획 수정안에 포함되었으나 또다시 장기과
제로 보류됐었다. 이후 노무현 정부 집권 말기에 국토균형발전론의 일
환으로 수용되기에 이른다. '영남 균형발전'이라는 명분에 합당했고,
충청도의 세종시 건설에 따른 영남권의 반발을 의식한 선택이었다. 그
러나 실제로 추진되지는 않았다.

　이러한 동남권 신공항사업을 현 정부가 그대로 가져왔는데 그 과
정이 너무나 즉흥적이었다. 2007년 대통령 후보 시절 대구를 방문했
을 때 갑작스런 신공항에 대한 질문에 "적극 추진하겠다."고 덥석 약
속을 해버린 것이 화근이었다. 당시 선거캠프 관계자들조차 '갑작스
런 약속에 당혹스러웠다.'고 털어놓았다. 나중에 문제가 될 것을 우려
했던 것이다.[9] 결국 이 대통령은 2011년 4월 경제성이 없다는 이유로
이 사업을 전면 백지화했다.

　그러나 일은 여기서 끝나지 않았다. 정부가 사업을 포기하겠다는
선언을 하자마자 한나라당이 지역 표심을 노려 사업을 재추진하겠다
고 나선 것이다. 공항건설 재원은 거의 가동되지 않는 양양공항 등 지
방공항들을 폐쇄하고 용도변경 후에 팔아서 마련하겠다는 것이다. 인
기성 공약으로 만들어진 흉물을 부서서 또 다른 흉물을 만들겠다는
발상이다.

선심성 사업에
지자체도 몸살

지방자치단체라고 해서 포퓰리즘에서 자유로울 수는 없다. 지방자치단체들이 민심만을 노리고 사전조사 없이 진행한 선심성 사업들도 하나둘 지역의 흉물로 전락해 가고 있다.

화성시가 '2025년 세계 25대 도시 도약'이라는 거대한 목표를 이루기 위해 지난 수년간 종합경기타운 등 수천 억 원짜리 '선심성 공사'를 강행하면서 재정이 파탄 날 지경에 이르렀다. 개발사업에 돈을 쏟아 붓다 보니 신규사업은 엄두도 못 내고 있다. 공무원 월급도 겨우 줄 정도다.[10]

지난 2009년 경남 창녕군이 창녕읍 옥천리에 3000만 원을 들여 만든 게이트볼 장은 제대로 사용도 해보지 못하고 현재 무성하게 자란 잡초 속에 방치되어 있어 빈축을 사고 있다. 최근 군의회에서 이 문제를 지적당한 후 잡초는 없앴지만 마땅한 활용방안은 찾지 못하고 있다.[11]

경남 사천시도 마찬가지다. 사천시는 2000년에 수천 만 원을 들여 사천강 둔치에 족구장과 배드민턴·배구 등을 할 수 있는 코트 2면을 만들었다. 하지만 이곳을 이용하는 사람은 거의 없다. 강과 2~3m밖에 떨어져 있지 않아 운동을 할 수 있는 여유 공간이 부족한 탓이다. 결국 시는 또다시 예산을 들여 코트 1면을 없앴는데 나머지 1면은 무용지물로 잡초만 키우고 있는 실정이다.

복지시설이 애물단지가 된 지역도 여럿 있다. 진주시는 2010년 4월 내동면 삼계리 2만 5000여㎡에 149억 원을 들여 여성웰빙센터를 지어놓고 15개월이 넘도록 방치해 두고 있다. 휘트니스실, 식당, 전시공연장, 건강쉼터, 요리전문교실, 세미나실 등을 갖춘 시설을 운영예산이 없어 놀리고 있는 것이다.

사천시가 2003년 대방동 삼천포대교 공원에 17억 원을 들여 설치한 특산물판매장도 현재 1층에만 건어물 가게가 입점했을 뿐 2층은 시에서 사무실로 쓰고 있고, 3층은 비어 있어 임대료 수입은 거의 없다. 따라서 수년간 개점휴업 상태나 마찬가지여서 예산낭비라는 빈축을 사고 있다.

재정자립도가 낮은 지자체들이 앞 다퉈 짓고 있는 각종 휴양시설도 예산낭비라는 비난에서 벗어날 수 없다. 현재 경북 김천시가 2013년 개장을 목표로 160억 원을 들여 수도산자연휴양림을 짓고 있고, 경남 산청군은 국비와 도비 30억 원을 들여 산청읍 특리 30ha의 군유림에 휴양시설을 갖춘 한방자연휴양림을 조성 중이다. 서울시 용산구

와 충남 논산시, 경북 성주군, 제주도 등도 각각 휴양시설 건립을 계획 중이다. 이들 지자체 중 논산시의 재정자립도는 18.9%, 성주군은 16.4%, 산청군은 14.1%에 불과하다.

자치단체가 운영하는 휴양시설 이용률도 매우 낮은 실정이다. 전국 71곳의 휴양시설 가운데 16곳은 연간 이용객이 1만 명에 미치지 못하고, 주말에도 객실의 60~80%만 손님이 들고 있다. 2010년의 경우 부산시 수영구수련원의 연간 이용자는 2200명, 서울시 용산구 용산가족휴양소는 1617명, 충북 보은군 충북알프스자연휴양림은 2000명, 전북 임실군 세심휴양림은 1758명에 불과했다.

행정안전부에 따르면 2010년 말 기준으로 지자체 부채(28조 9,933억 원)와 지방 공기업 부채(46조 4,744억 원)를 합한 지방 부채는 75조 4677

억 원으로 2009년에 비해 10.6% 증가했다.

지자체의 나빠진 살림살이는 재정자립도 하락으로 이어지고 있다. 2011년 8월 말 현재 지자체 평균 재정자립도는 51.0%로 2010년 말보다 1.2%포인트 떨어졌다. 전문가들은 연 10%대를 웃도는 지방부채 증가 추세가 계속될 경우 2012년에는 지방자치제가 부활한 1991년 이후 65%에 달했던 재정자립도가 사상 처음으로 50% 밑으로 떨어지고, 2013년에는 지방부채가 100조 원을 돌파할 것으로 보고 있다.[12]

공약_{公約}이 아니라 공약_{空約}이었다?

공약公約이 공약空約으로 끝난 사례는 이뿐만이 아니다. 역대 대선에서는 경제 전반에 끼칠 영향이나 재원 마련에 대한 고려 없이 표만 얻으면 된다는 '선심성 공약'을 마구 내놓았다. 정부지출을 늘리겠다고 약속하면서 오히려 세금을 깎겠다는 '허황된 공약'과 정책 실시로 인한 효과나 성과 등에 대한 내용이 빠져 있는 '한 줄짜리 부실공약'도 쏟아져 나왔다.

우선 노태우 대통령은 대선공약으로 '임기 내 1인당 국민소득 5000달러 달성, 연평균 7% 수준의 성장 지속, 평균 실업률 4% 이하로 안정, 50억 달러 수준의 경상수지 흑자 지속'을 내걸었지만 국제수지 흑자를 유지하겠다거나 물가상승률을 2~3%로 이어가겠다는 공약은 실천조차 되지 않았다. 국제수지는 1988년 이후 적자를 기록해 1991년엔 적자폭이 87억 달러에 이르렀다. 물가상승률은 재임기간 동안 평균 7.8%에 달했다. 특히 1991년에 금융실명제를 실시하겠다고 했던 약속을 폐기함으로써 경제민주화는 후퇴한 것으로 평가되고 있다.

김영삼 대통령은 '2년 내 물가 3% 이하 유지, 1994년 이후 금리 한 자릿수 유지, 1994년부터 흑자경영시대 개막' 등의 공약을 내걸었다. 하지만 각종 비자금 사건, 측근 구속, 한보사태, 안기부 선거자금 사건 등으로 공약은 물거품이 되고 말았다. 특히 '쌀 수입 개방 절대 불가' 공약은 우루과이라운드UR 체결로 지켜지지 못했다.

김대중 정부 때도 마찬가지였다. 김 대통령은 '2000년대 초반 1인당 국민소득 3만 달러, 물가 3% 이하 유지, 금리 7% 이하 유지, 한 해 6~7% 경제성장'이라는 공약을 내놨으나 이 또한 외환위기 속에서 대부분 빈 공약으로 끝났다. '복지예산 30% 증액, 농가부채 탕감' 공약도 지켜지지 않았다.

노무현 정부의 주요 경제공약은 '연 7% 경제성장, 250만 개 일자리 창출, 공공임대주택 50만 호 건설' 등이었다. 하지만 집중적으로 추진했던 행정수도 이전공약이 무산되는 바람에 다른 공약들도 지키지 못했다.

이명박 정부는 민생공약으로 '경제 7% 성장과 300만 개 일자리 창출, 사교육비 절감, 국가 책임 영·유아보육 실시, 중소기업·자영업자 육성, 서민 주요 생활비 30% 절감, 신혼부부 보금자리주택 12만 호 공급' 등을 내걸었다.

하지만 최근 경제정의실천시민연합이 발간한 「경실련 MB정부 민생공약 평가 보고서」를 보면 이명박 정부의 민생공약에 대한 점수가

대체로 D~F 수준에 머물러 있다. 평균점수는 D였다.[13] 공기업 민영화로 60조 원의 재원을 마련해 경제성장률 7%를 이루고, 일자리 300만 개를 만들려고 했지만 전제 조건이 무너지면서 이 역시 허무한 공약으로 그칠 가능성이 커졌다.

이미 백지화하기로 한 동남권 신공항 외에도 'MB노믹스'의 핵심 공약들은 여러 가지 이유로 지키지 못할 것으로 예상되고 있다. 야당과 좌파단체들뿐만 아니라 보수정부의 기반지역이라는 영남권에서도 불만이 터져 나오는 것은 기대감만 잔뜩 높여 놓았던 공약이 '공약空約'으로 끝난 데 따른 배신감, 허탈감과 무관하지 않다.

공약, 사전검증·상시 피드백 거쳐야

이처럼 정책이나 공약이 급조되다 보면 예산이 낭비되고, 차기 정권에서도 상당한 곤욕을 치를 수밖에 없다. 정책이나 공약은 도깨비 방망이 두드리듯 하루아침에 나올 수 있는 것이 아니다. 정책에 대한 전문가와 대중의 평가와 반응에 귀를 기울이고, 이를 다시 정책에 반영할 수 있는 상시적 피드백 과정이 반드시 필요하다.[14]

지방유세 직전에 갑자기 발표된 노무현 대통령 후보의 수도이전 공약이나 이명박 정부의 세종시와 과학벨트 공약은 갑작스럽고 일과적인 공약들이 얼마나 오랫동안 후대에 피해를 주는지 잘 보여주는 사례이다.

유권자들은 이런 공약들이 실현 불가능하거나 실현하기 위해서는 세금을 더 많이 내야 한다는 사실을 잘 알고 있어야 한다. 실제로 한반도 대운하 공약의 실현 가능성 여부가 공약을 만드는 단계에서 공론화됐더라면 이후 소모적인 논쟁을 피할 수 있었을 것이다.

또한 정책이나 공약들은 미래지향적이어야 하며, 정치공동체를 충분히 고려해서 만들어져야 한다. 지역보다는 나라, 개별보다는 전체의 이익을 우선시하고, 단기적이고 즉각적이 아닌 장기적이고 심층적인 고민의 과정을 거쳐 내놓아야 한다. 과학벨트나 신공항 공약이 지역민심을 끌어내려는 포퓰리즘에서 기인했다는 사실을 떠올리면 공약이 어떠해야 하는지 충분히 알 수 있을 것이다.

한비자의 선견지명

은나라 주왕이 상아로 젓가락을 만들자 한비자韓非子가 그 결과를 두려워하며 말했다.

"상아로 젓가락을 만들면 국을 흙으로 만든 질그릇이 아닌 뿔이나 옥으로 만든 그릇에 담게 될 것입니다. 그렇게 되면 콩이나 콩잎 반찬은 먹지 않을 것이고 쇠고기나 코끼리, 표범 고기를 찾게 될 것입니다. 그런 고기를 먹게 되면 아무래도 짧은 털가죽 옷을 입고 초가집에서는 살 수 없을 테니 반드시 비단옷을 입어야 하고 고대광실高臺廣室에서 살아야 할 것입니다. 이처럼 모든 것을 상아 젓가락의 격에 맞추다 보면 온 나라 안의 재물을 모조리 긁어모아도 부족할 것입니다."

한비자가 걱정한 대로 5년 후 주왕은 고기로 밭을 만들었고, 술통으로 언덕을 만들어 올라갈 수 있게 했고, 술로 연못을 만들어 놀 수 있게 했다. 이처럼 주왕이 사치와 낭비를 일삼아 결국 은나라는 멸망하고 말았다.

미세한 것을 보고도 다가올 일을 헤아릴 수 있어야 하는 것이 정치인이다. 무상복지가 가져다줄 폐해가 눈에 보이는데도 이를 감지하지 못한다면 어찌 현명한 정치인이라 할 수 있을까?

2010년 말에 불기 시작한 소셜쇼핑몰 열풍은 상품을 반값에 사는 시대를 열었다. 커피 한 잔에서부터 햄버거, 웨딩상품, 여행상품, 심지어 휴대전화 케이스에 이르기까지 반값으로 팔다 보니 이젠 반값이 아니면 할인이라고 보기 힘들 정도가 되었다. 이런 반값행진은 비단 소셜쇼핑몰만의 얘기는 아니다. 총선과 대선 등 양대 선거를 앞두고 있는 정치권에서는 지금 소셜쇼핑몰조차 상상할 수 없는 파격적인 반값이벤트를 펼치고 있다.

PART 3

몽상가 정치인의
무상시리즈

2012년 선거를 겨냥한
복지론 대두

프랑스 혁명 당시 좌파 자코뱅당의 지도자였던 로베스피에르 Robespierre는 서민들이 우유 값이 지나치게 비싸다는 불평을 하자 그들의 환심을 사기 위해 우유 값을 반으로 내리라고 명령한다. 이를 어기면 단두대에 세우겠다는 엄포에 수지를 맞추지 못하는 농민들은 하나둘 젖소 사육을 포기한다. 우유 공급량은 당연히 줄어들고 암시장에서 우유 값은 더욱 뛰어오른다.

로베스피에르는 농민들에게 젖소를 키우지 않는 이유를 묻는다. 농민들은 건초 값이 비싸 수치를 맞출 수 없기 때문이라고 사정을 털어놓는다. 그는 이번에는 건초 값을 내리라고 명령한다. 그러자 건초 재배 농민들이 건초 생산을 중단하거나 줄이고 토지를 다른 용도로 전환해 건초 값이 뛰어오른다. 결국 건초 공급도 줄고, 우유 공급도 줄어 반값 우유 정책은 우유 값을 폭등시키는 결과로 이어진다.

이것이 바로 그 유명한 로베스피에르의 '반값 우유' 사건이다. 이는 대중의 인기를 끌기 위해 일시적으로 펼치는 정책은 실패할 수밖에 없다는 것을 보여주는 좋은 사례다.

지금 정치권에서는 복지논쟁이 한창이다. 민주당은 무상급식에 이어 무상의료, 무상보육, 대학생 반값등록금에 일자리와 주거복지를 합한 이른바 '3+3복지'인 '보편적 복지'를 정책으로 내놓았다. '무상'이라는 표현을 쓰고는 있지만 실제로는 국민의 세금으로 주는 '세금복지'이다. 모자라면 세금을 더 거두거나 빚을 내서 메우고 그 빚을 후세대에 떠넘기게 되는데, 그런 경우 '외상복지'가 된다.

이에 맞서 한나라당은 서민과 중산층을 포함한 국민의 70%를 복지대상으로 삼고 각종 혜택을 주겠다며 '70% 선택적 복지'를 정책으로 내걸었다. 박근혜 전 대표도 생활과 소득을 보장한다는 '한국형 복지'를 제안했다. '보편적 복지', '선택적 복지', '한국형 복지' 모두 복지를 확대하는 것으로 복지는 2012년 총선과 대선에서 최대 쟁점이 될 것이 분명하다. 대부분의 정치인들이 복지확대를 주장하는 것이 표를 얻는 데 있어 가장 효과적인 방법이라고 생각하기 때문이다.

소셜커머스 시대,
보육비도 반값

2011년 1월 민주당은 만 5세 이하 자녀를 둔 가정 전체에 어린이집·유치원 이용비 전액을 지원하는 '무상보육'을 추진하겠다고 밝혔다. 더불어 저소득층에만 지원했던 양육수당도 만 5세 이하 자녀들 둔 가정 전체로 확대하기로 했다.

'무상보육' 정책이 나온 정치적인 셈법은 간단하다. 만 5세 이하 자녀를 둔 30대~40대 부부에게는 아이를 하루 종일 무상으로 돌봐주겠다는 공약이 매력적으로 느껴진다는 것이다. 대학 반값등록금으로 20대와 50대를 공략하고, 무상보육으로 30~40대의 마음을 열어보겠다는 전략인 것이다.

하지만 '무상보육'은 이미 지난 대선 때 한나라당이 들고 나온 공약이었다. 당시 3조 원 정도의 예산이면 가능하다고 판단한 한나라당은 '0~5세 무상보육 전액지원방안'을 내놓았다. 이후 2009년 중장기 보육계획(아이사랑플랜)을 발표, 2011년까지 만 5세 모든 아동을 대상으로 무상보육을 실시하고 2012년까지는 보육시설 아동의 80%까지 전액 지원하겠다고 했다. 그러나 2011년 예산에는 소득 하위 70% 이하 가정의 유아에 대한 지원금만 반영됐다.

민주당은 이런 빈틈을 놓치지 않고 만 5세 이하 전체 아동을 대상으로 '무상보육'을 추진하겠다고 한 방 날렸다. 그러자 한나라당도 2012년에 출생하는 신생아부터 시작해 매년 1세씩 늘려서 0~4세 아동 전원에 대해 국가가 책임지고 무상보육을 실시하고, 2016년 5세 어린이부터는 무상교육을 실시하겠다고 맞섰다.

여야의 무상보육방안에서 무엇보다 당혹스러운 것은 소요예산이 2배 이상의 차이를 보인다는 점이다. 우선 민주당의 경우 '소득 하위 70%'라는 기준을 없애고 5세 이하 자녀를 둔 가정에는 모두 보육비를 지급한다는 방침이다. 이에 따라 현재 만 0~5세 아동의 시설(영유아보육법에 명시된 어린이집·유치원 등) 이용률을 감안해 시설을 이용하지 않는 자녀들 둔 가정에 표준보육비와 양육수당을 100% 지원할 경우 집권 5년간 무상보육에 드는 추가재정은 '4조 1,000억 원(보육비 2조 5700억 원, 양육비 1조 5300억 원)'으로 추산되고 있다. 특히 무상보육 예산은 5년간 단계적으로 실시되어 한 해 8000억 원씩 늘어나는 셈인데, 이는 현 정부의 보육 예산 증가율과 큰 차이가 나지 않는다는 것이 민주당의 주장이다.

반면에 한나라당은 민주당 말대로 한다면 보육료는 7조 원, 양육수당은 3조 원으로 총 '10조 원' 이상이 들어간다고 주장한다. 이때 기준이 되는 것은 표준보육비가 아니라 영유아 보육료·학비 지원단

가다. 한나라당은 정부가 지속적으로 보육에 투자하여 2011년에는 소득 하위 70% 이하 가정에까지 보육료를 전액 지원했다고 반박하면서 국가재정이 한정되어 있으므로 소득에 따라 '차등지원'을 하는 것이 바람직하다고 주장한다.[15)]

애들 밥 주자는데
뭐가 문제냐

전승불복戰勝不復. 『손자병법』에 나오는 고사성어로 '한 번 전쟁에 이겼다고 해서 계속 이길 수는 없다. 즉 지금의 승리에 취해 있거나 자만하다가는 실패할 수 있다.'는 뜻이다.

시급히 해결해야 할 정치현안과 사회문제가 널려 있는데 왜 정치권은 무상급식에 목을 매고 있는 것일까? 야당은 2010년 6·2지방선거에서 무상급식 이슈로 한몫 단단히 잡았다. 그때의 경험이 무상급식만큼 서민들의 관심을 끌 만한 이슈는 없다는 판단을 내리게 한 것 같다. 여당의 생각도 야당과 같은 듯하다. 겉으로는 무상복지에 대해 비판의 화살을 쏴대고 있지만 속으로는 이를 지지하고 있는 것처럼 보인다.

무상급식, 아동수당 등 복지이슈가 중심이 됐던 6·2지방선거에서 무상급식을 저소득층에 한정해 지원하겠다고 밝힌 오세훈 후보가 시장에 당선됐다. 반면에 함께 치른 서울시의원·서울시교육감·구청장

선거에서는 전면 무상급식을 공약으로 내건 민주당 쪽 후보들이 압승을 거뒀다. 시의회 106석 가운데 민주당 시의원이 79석(75%)을 차지했고, 서울 25개 자치구 가운데 21곳(84%)에서 민주당 출신 구청장이 당선됐다. 학교급식정책을 주관하는 교육감에는 진보 성향의 곽노현 교육감이 뽑혔다. 이때부터 무상급식을 둘러싼 여야 간의 갈등이 시작했다고 할 수 있다.

양쪽의 갈등이 전면화된 것은 민선 5기가 출범한 지 불과 5개월 만인 2010년 12월이었다. 2010년 9월부터 오 시장과 서울시의회 민주당 시의원, 곽 교육감은 무상급식 지원범위를 놓고 몇 차례 만나 협상을 했지만 견해차를 좁히지 못했다.

결국 서울시의회는 2010년 12월 1일 본회의를 열고 한나라당 소속 의원들이 불참한 가운데 '서울시 친환경 무상급식 등 지원에 관한 조례안'을 통과시키는 강수를 뒀다. 2011년 무상급식 예산안 편성을 위해서는 2010년이 지나기 전에 근거를 마련해야만 했던 것이다. 조례안에는 2011년부터 서울 지역의 모든 초등학생, 2012년부터 모든 중학생에게 무상급식을 지원한다는 내용이 담겨져 있다.

이에 반발한 오 시장은 이튿날 시의회와 시정협의를 중단하고, 시의회에 출석하지 않겠다는 선언을 했다. 그리고 2011년 6월까지 반년 넘게 시의회에 출석하지 않는 외길 행보를 걸어왔다. [16)]

"무상급식은 망국적 포퓰리즘"이라며 시의회를 비판하던 오 시장은 2011년 1월 서울시의회가 주장하고 있는 '전면 무상급식 시행방

안'에 대해 시민들의 의사를 직접 묻는 주민투표를 실시하자고 제안했다. 하지만 서울시의회 민주당 시의원들과 시교육청은 "예산에 관한 사항은 주민투표에 부칠 수 없다."며 반발했다. 그러자 일부 보수단체가 복지포퓰리즘 추방 국민운동본부를 만들어 2월부터 4개월 동안 80만 1000여 명에게 서명을 받아 6월 16일 무상급식 반대 주민투표를 서울시에 청구했고, 서울시의 승인으로 8월 24일 주민투표가 실시되었다. 하지만 25.7% 투표율로 개표 자체를 할 수 없게 되면서 일단 민주당의 무상복지가 승리한 것으로 결론이 났다.

당시 무상급식으로 한창 논쟁을 벌이던 자리에서 야당의 한 의원이 "아니, 애들 밥 주자는데 뭐가 문제냐?"라며 이해할 수 없다는 듯 여당 의원들을 쏴붙였다. 아이들 밥 주자는데 편을 갈라서 누구는 주고 누구는 안 주는 것은 어쩌면 소인배 같은, 어린아이들을 정치적으로 이용하려는 불순한 모습으로 비쳐질 수 있다. 그래서 여당 의원들이 선뜻 반박하지 못한 것인지도 모른다. 그러나 만약 여당 의원들이 '무상급식에 들어간 타 분야 복지예산은 어떻게 메울 것인가?' 라고 되물었다면 그 또한 아무 대답도 하지 못했을 것이다. 오히려 아이들을 볼모로 잡아 밥 한 그릇 먹이고 코 묻은 표를 얻겠다는 그의 속내가 더 소인배답다.

학생들 꿈은
선거 때 심어줘야

친서민 정책 중에서 단연 돋보이는 것은 역시 반값등록금이다. 대학 진학률이 80%가 넘으니 그 말에 귀가 번뜩이는 사람도 그만큼 많을 것이다. 따라서 반값등록금은 정치하는 사람에게는 참으로 매력적인 소재일 수밖에 없다.

사실 대학등록금이 정치적 이슈로 떠오른 것은 지난 2006년 한나라당이 '반값등록금' 공약을 내놓으면서부터다. 그러나 정권이 출범한 후 정부는 반값등록금을 실현하기 위해서는 6조 원이라는 엄청난 재원이 필요하다며 난색을 표했다. 시민단체와 대학생들은 미국산 쇠고기 수입반대 촛불시위와 한·미FTA 반대 등 굵직한 사회적 현안에 매달린 탓에 반값등록금에 특별한 관심을 두지 않았다. 물론 '등록금 1000만 원 시대', '미친 등록금'이라는 표현과 함께 반값등록금 문제가 제기되기는 했지만 별다른 폭발력을 갖지는 못했다. 그러다 2011년 1월 민주당이 반값등록금을 포함한 '3+1 보편적 복지정책'을 발표

하자 여당도 '우리가 원조'라며 명목등록금을 최소 50%까지 인한다
는 방침을 부랴부랴 내놨다.

이미 시행되었어야 할 대선공약이 무관심 속에 방치되어 있다가
차기 양대선거를 앞두고 마치 새로운 공약인 것처럼 얼굴을 내밀고
있는 것이다.

그러나 여당도 야당도 아직까지 등록금 해법을 찾지는 못했다.
2011년 5월 명목등록금을 최소 50%까지 인하하겠다던 여당은 고작
한 달 만에 "당장 50%는 버거우니 2014년까지 단계적으로 30%까지
내리겠다."며 말을 바꾸었고, 결국 9월에 2012년 등록금 인하에 총 2
조 2500억 원(대학 부담금 7500억 원)의 재원을 부담해 전체 평균 5%, 소득
하위 70%를 기준으로 22%를 인하하겠다는 '대학생 등록금 부담완화
방안'을 대안으로 내놓았다.

그러자 학생과 학부모들은 "명목 등록금을 기준으로 살펴보면 인
하 효과가 0~5% 밖에 안 되고, 특히 상위 50%는 받을 가능성이 거의
없다. 이는 생색내기용, 반값등록금 공약에 대한 면피용임에 분명하
다."며 반값등록금 약속을 지키라고 강력히 요구했다. 경찰은 "반값등
록금을 실현하라."며 국회 본청 앞에서 기습 연좌시위를 벌이던 대학
생 80여 명을 강제로 연행했고, 검찰은 반값등록금 촛불집회에 참여한
시민과 대학생 224명에게 마구잡이식으로 소환장을 보내기도 했다.

경찰은 또 광화문광장에서 '반값등록금 실현과 청년실업 해결'을

외치던 1000여 명의 대학생들을 폭력적으로 진압하고 그중 73명의 학생을 강제로 연행하기까지 했다.

이러한 사태는 애초부터 예견된 일이었다. 황우여 한나라당 원내대표가 등록금 부담완화책에 '반값등록금' 간판을 내건 것이 문제였다. 누가 봐도 '과대포장'이었던 것이다.

야당은 한술 더 떴다. 시위현장에서 학생들의 항의를 받은 손학규 민주당 대표는 "당장 2012년부터 반값등록금을 전면 실시하겠다."고 말했다. 정동영 민주당 최고의원은 등록금 폐지론까지 들먹여 학생과 학부모들의 기대를 한껏 부풀렸다.

10%만 내라, 거덜 난 의료비는
다시 채우면 된다

2022년 9월. 서울 시내에 있는 한 대형병원 안은 무상의료를 받으려는 사람들로 발 디딜 틈이 없다. 10년 전 시행된 무상의료정책으로 전 국민이 10%의 의료비만 내면 무제한으로 병원서비스를 이용할 수 있게 되어 가벼운 감기 증세에도 찾아오는 사람들이 많아 병원은 늘 북새통을 이룬다. 병원 1층 로비 중앙의 TV에서는 '국민건강보험공단의 2011년 적자규모가 16조 원을 넘어섰다. 의료관광이 걷잡을 수 없이 늘고 있다.'는 등의 의료 관련 보도가 계속해서 나오고, 일간지에서도 '10년 전 ○○당에서 얘기한 8조 원의 예산으로는 의료서비스를 도저히 감당할 수 없다. 결국 증세를 선택할 수밖에 없다.'는 내용의 기사들이 쏟아져 나오고 있다.

이 이야기는 민주당이 주장한 무상의료정책이 시행될 경우 10년 후(2022년)의 모습을 현 유럽 국가들의 상황과 정부기관의 연구자료를 토대로 만들어낸 것이다. 민주당이 현 유럽 국가들의 복지정책을 그대로 답습하고 있는 까닭에 전혀 근거 없는 얘기는 아니라고 할 수 있다.

이처럼 무상의료에 대한 우려도 커지고 있다. 민주당은 국민 1인당 월평균 보험료를 1만 1000원씩만 추가로 부담하고 정부 보조금을 2조 7000억 원 늘리면 의료보장률을 현재의 62%에서 90%까지 끌어올릴 수 있다고 주장한다. 중병에 걸려도 치료비의 10%만 내면 자유롭게 병원에서 치료를 받을 수 있고, 연간 100만 원을 초과하는 치료비는 정부에서 모두 대신 내준다는 것이다.

그렇다면 우리나라가 의료천국이 되는 셈인데 과연 이 돈으로 가능할까? 민주당의 주장대로 2015년까지 모든 국민이 의료비의 10%만 내고 자유롭게 병원에서 치료를 받기 위해서는 2009년 48조 4000억 원이었던 총 의료비가 2015년에는 120조 9000억 원으로 늘어나야 한다. 즉 국민이 내는 보험료가 2.5배 인상되어야 한다는 얘기다. 이에 따라 3만 700원(2010년 10월 기준)이었던 국민 1인당 월평균 보험료를 2015년에는 9만 5300원으로 인상할 수밖에 없다.

액수가 이렇게 늘어나는 것은 의료쇼핑 때문이다. 거의 무상으로 치료를 하다 보면 조금만 아파도 쇼핑을 하듯 병원을 찾는 환자들이 늘어나고, CT나 MRI 등 고가의 검사를 받아 자신의 몸 상태를 점검하려는 사람들도 늘게 된다. 실제로 2010년 말 서울시가 기초생활수급자와 차상위계층에 지급하는 의료지원금은 의료쇼핑 증가 등으로 두 달간 바닥이 나기도 했다. 부산·대구·인천·광주·대전·전북·경남

등에서도 일시적으로 의료지원금이 지급되지 못했다.[17]

민주당은 보장률이 점차 올라가는 것에 맞춰 기업이 추가부담금 3조 6000억 원을 더 마련하면 재정확보에 문제가 없다고 주장한다. 하지만 기업의 추가부담금은 최소 6조 2000억 원(2009년 기업 부담 건강보험료 10조 7000억 원)에 이를 것으로 추산된다. 이 수치조차도 의료비가 지금 수준으로 유지되고 의료수요가 늘어나지 않는다는 가정 아래 계산한 것이다.

2050년엔 소득의 40 % 가 건강보험료

민주당의 무상의료 주장에 건강보험공단도 꽤나 골치가 아프다.

무상의료를 하지 않아도 이대로 가면 10년 후에는 건강보험 재정적자가 지금의 10배 이상 불어나 심각한 재정적자에 허덕일 것이기 때문이다. 2010년 1조 3000억 원이었던 건강보험의 적자규모가 2020년에는 16조 원으로 늘어난다는 분석이다.

급격한 노령화로 노령인구의 의료비가 급증할 것을 감안하면 2013년을 기점으로 적자규모는 매년 1조 5000억 원씩 늘어나 2018년에 최초로 10조 원대를 돌파한 후 2020년에는 16조 원, 2025년에는 30조 원, 2030년에는 48조 원으로 기하급수적으로 늘어나게 된다.

이 정도면 당연히 보험료를 인상해야 한다. 2030년에는 직장가입자의 건강보험료가 소득의 10%를 넘어설 것이고, 2050년에는 소득의 38.2%를 건강보험료로 내야 할 것이다. 이런 상항에서 민주당의 무상의료가 시행될 경우 건강보험공단은 거대한 시한폭탄을 품에 안게 되는 셈이다.

무상시리즈에 얽힌
불편한 진실

민주당의 '3+3복지' 구상은 민주당의 주장대로라면 재전건전성과 국민적 공감대를 이끌어낼 수 있는 향후 5년간의 이상적인 복지비전이다. 그러나 우리 속담에 '그림의 떡'이라는 말이 있듯 아무리 먹기 좋아 보여도 먹을 수 없으면 소용이 없다. 아무리 좋아 보이는 복지구상이라도 이를 실현하기 위한 예산이 없다면 무용지물이나 다름없는 것이다.

예산확보를 위해 민주당은 2012년부터 매년 복지예산을 늘려 2017년에는 33조 원을 복지에 투입한다는 계획이다. 그러나 33조 원은 2011년 국가예산(309조 원)의 10%가 넘는 엄청난 액수다.

민주당은 재정지출 개혁, 복시개혁, 조세개혁 등을 통해 2013년~2017년까지 5년 평균 33조원의 재원을 조달하는 데 무리가 없다는 판단을 하고 있다. 재정지출 개혁, 대형 국책사업의 재검토, 불투명한 예산절감으로 12조 3천 억 원, 복지 전달체계 혁신과 건강 보험 부과

기반 확대, 건강보험료율 조정 등 복지개혁을 통해 6조 4000억 원을 절감할 수 있고, 소득세와 법인세 추가 감세 철회, 장내 파생금융 상품 거래에 대한 증권거래세 부과, 비합리적 비과세 감면의 축소 등 조세개혁을 통해서도 14조 3000억 원을 절약할 수 있다는 것이다.

無세금－무상복지－OECD 복지수준, 자가당착

구체적으로 민주당의 계획은 현 정권이 진행하고 있는 대형 국책사업들을 축소 또는 중단시켜 예산을 마련한다는 것이다. 이를테면 4대강사업을 중단해 추후 발생할 수 있는 예산을 절감하겠다는 식이다. 그러나 강바닥에 설치된 콘크리트를 뜯어내고 파헤쳐진 하천을 복구해 생태적으로 되돌리는 데 들어가는 비용은 엄청나다. 기존의 공사비에 맞먹을 수도 있다.

자동차가 아닌 철도 위주의 근거리 및 장거리 교통 인프라를 구축하는 일도 마찬가지인데 보금자리 주택사업 등 서민들의 생활안정을 위한 국책사업까지 단지 보수당에서 진행한 사업이라는 이유만으로 재검토하겠다는 것은 '표를 노린 복지구상을 이루기 위해 기존의 국민복지까지 강탈하겠다.'는 얘기로밖에 들리지 않는다.

진정성 문제를 뒤로 하더라도 민주당이 자신한 정도의 예산이 절감되리라는 기대는 다소 현실성이 떨어져 보인다.

민주당이 주장하는 또 다른 예산마련 방안은 다름 아닌 소득세와 법인세 감세 철회를 통한 세출입구조조정이다. 여기에 복지제도만 개선해도 22조원의 예산이 마련될 것으로 보고 있다. 이러한 구상은 문제가 있다. 지나치게 간단하고 명쾌하다는 것이다. 어떻게 하겠다는 구체적인 방안은 없다.

민주당은 줄곧 우리나라 복지예산이 GDP의 11%(2008년)에 지나지 않는다며 유럽의 선진국(24%)들에 비해 매우 낮은 수준이라며 광의의 복지를 주창해 왔다. 우리가 OECD 평균 수준의 복지국가가 되려면 2007년을 기준으로 100조 원의 추가예산이 필요하다는 것이 전문가들의 분석이다. 재정적자를 초래하지 않고 100조 원을 마련하는 방법은 세금을 더 거두는 것 밖에 없다. ‘세금 없는 무상복지’ 논리는 누가 봐도 말장난에 불과하다.

이번에 ‘3+3’ 정책에 포함된 일자리 복지와 주거복지에 대해서도 말들이 많다. 민주당은 집권할 경우 2017년까지 공공임대주택을 현재의 6%에서 15%까지 늘린다는 추가방안을 내놓았다. 그러나 5년 안에 이러한 성과를 이루기 위해서는 매년 20만 채의 공공주택이 지어져야 하는데 필요한 예산이 40조 원 정도이다. LH공사가 절반을 부담한다고 해도 국가예산으로 충당할 부분이 20조 원이나 된다.

일자리 복지 역시 최저임금을 현재의 37%에서 50%로 끌어올릴 경우 100만 명 이상의 실업률이 발생할 수 있다는 것이 전문가들의 분석이다. 재취업 훈련을 통해 실업자들에게 일자리를 제공하는 데만도 10조 원 이상의 재원이 들어간다는 것이다. 조세부담율 21.5%로는 턱도 없는 일이다.[18]

'국민을 위한다.'는 말처럼 국민이 바라고 공감하는 복지정책을 펼치기 위해서는 우선적으로 말과 정책에 진정성이 드러나야 한다. 선진국 수준의 복지를 운운하면서 증세를 얘기하지 않는 것은 진정성에 문제가 있는 것이다.

재정준칙 제도화해야

포퓰리즘 정책들은 항상 이러한 재원조달 문제에 부딪치기 마련이다. 이 문제를 풀기 위해서는 새로운 정책을 도입하려는 시점에 미리 재원조달방안을 제시하도록 해야 한다. 그리고 재정적자를 엄격하게 규제하고 세입증가율 이내에서 세출증가율을 억제해야 한다. 실제로 많은 선진국들이 '재정준칙fiscal rule'이라는 법적기반을 토대로 지출행위를 억제하고 있다.

독일은 세입과 세출을 비교하는 재정수지준칙, 스위스는 세출 측면을 규제하는 지출준칙을 헌법에서 명시하고 있다. 우리도 이제 재정준칙을 법으로 만들어 과도한 포퓰리즘 정책제안을 원천적으로 막아야 한다.

그러나 예산안은 결국 국회에서 확정되기 때문에 재정준칙에 대한 의원들의 합의가 이뤄지지 않으면 아무런 의미가 없다. 재정준칙의 법제화도 어렵지만 법 집행도 쉽지 않을 것이다. 따라서 망국적 포퓰리즘을 막기 위해 시민단체가 중심이 되어 정치권을 압박할 수 있는 국민운동을 전개할 필요가 있다.

무상시리즈 유혹에
정부마저 흔들려

　　민주당의 무상복지 포퓰리즘에 정부마저 흔들리고 있다. 정부는 민주당의 무상복지를 의식해 2012년 재정규모를 2011년보다 17조 원 (5.5%) 늘어난 326조 1000억 원으로 확정했다. 정부의 의도는 재정건전성 확보, 일자리 창출, 복지증진의 '세 마리 토끼'를 다 잡겠다는 것이지만 2012년도 경제성장률을 4.5%로 전망한 것은 너무 낙관적이다. 또한 이런 자신감에서 나온 세수稅收계획에는 무리가 있어 보인다.

　　국제기구 및 국내 민간연구소는 2012년도 경제성장률을 3.6~4.4%로 보고 있지만 이보다 더 낮아질 수 있다. 500대 상장기업은 2012년도에 투자와 고용을 줄일 것으로 보이고, 유럽 재정위기의 여파로 경기가 위축되고 성장률이 예상보다 1%포인트 낮아지면 세수가 2조 원 부족해져서 또 국채를 발행하지 않고는 세입歲入 목표를 채우지 못하게 된다. 재정의 불확실성을 줄이려면 성장률 전망치를 보수적으로 잡고, 거기에 맞춰 재정지출안의 거품을 걷어내야 한다.[19]

　2012년도 예산 증가액의 3분의 1을 보건복지 분야에 투입하는 것은 총선과 대선을 앞두고 있는 정치권의 요구를 반영한 결과다. 대학 등록금 지원 1조 5000억 원을 비롯해 92조 원에 이르는 복지예산안은 총지출의 28.2%로 사상 최대 규모다. 여야의 복지 포퓰리즘 경쟁에 정부마저 두 손을 든 꼴이다.

　정치인들이 재정위기의 재앙에 시달리는 유럽을 뻔히 보면서도 선거에서 표를 더 얻기 위해 당리당략黨利黨略을 꾀하는 것은 국가와 국민에게 해악을 끼치는 '나쁜 정치'이다.

2011년 10.26 서울시장 보궐선거에서 '보편적 복지'가 승리하자 사실상 정치권
이 2012년 양대 선거를 겨냥한 복지전쟁에 돌입했다. 민주당이 '보편적 복지'로
총성을 울렸지만 한나라당은 '선별적 복지'라는 무기를 제대로 사용하지도 못하
고 우왕좌왕하고 있다. 한참을 지켜보던 박근혜 전 대표가 슬그머니 전선에 뛰어
들어 한나라당에 신무기인 '한국형 복지'를 팔아 이권을 챙기는 양상이다.

PART 4

2012년 여·야
복지전쟁이 시작된다

총선 겨냥한
'표몰이' 법안 속출

2011년에는 2012년 총선을 겨냥한 인기성 법안들이 무더기로 쏟아졌다. 2011년 8월 현재 18대 국회에서 발의한 법안 1만 603건 중에서 재정부담이 따르는 법률이 32%인 3425건에 달한다. 대표적인 것이 조세특례제한법 형태를 빌린 입법들이다. 의원들은 지역구 특성을 고려해 감면조치 법안을 마구 내놓고 있다. 이 법안이 모두 통과되면 2014년까지 소요비용이 800조 원 수준에 이른다.[20]

세금을 깎아드립니다

충남 논산시가 지역구인 이인제 의원 등은 "2014년 말까지 공급하는 홍삼에 대해 부가가치세를 면제하자."고 제안했고, 제주시가 지역구인 강창일 의원 등은 "제주첨단과학기술단지, 제주투자진흥지구, 제주자유무역지역 입주기업에 대한 조세감면 일몰기한을 5년씩 연장해야 한다."고 주장했다.[21]

또 전남 여수시가 지역구인 김성곤 의원 등은 "2012 여수세계박
람회 관람객이 박람회 면세점에서 1인당 미화 400달러 한도로 면세물
품을 구입하는 경우 부가가치세, 개별소비세, 주세, 관세 및 담배소비
세를 각각 면제하자."는 내용의 법안을 제출했다.

민주통합당 오제세 의원 등은 농협, 신협 등 조합법인 법인세 과세
특례를 3년 연장하자고 제안했으며, 한나라당 정해걸 의원 등은 경영
회생 지원을 위한 농지매매에 대해 양도소득세를 감면하자는 내용의
조특법 개정안을 내놨다.[22]

이 밖에도 한나라당의 김성식 의원 등은 2011년 말로 종료되는 영
유아용 기저귀와 분유에 대한 부가가치세 면제기한을 2015년 말까지
연장하는 내용의 개정안을 내놨다. 심지어 김성곤 의원 등은 농어촌
버스용 석유류에 대한 각종 세금을 모두 면제하자는 파격적인 제안까
지 했다.

국회의원들이 조특법을 활용해 지역구를 의식한 선심성 입법안을
쏟아내면서 국세감면액은 눈덩이처럼 불어나고 있다. 18대 국회가 들
어선 직후인 2008년부터 지금까지 총 349건에 달하는 조특법이 발의
됐다. 17대 국회에서 발의된 166건과 비교할 때 두 배 이상 급증한 것
이다.

조특법이 발효되면 사실 사회적 합의도 없이 전 국민에게서 걷은
세금을 특정 지역민과 계층을 위해 선심 쓰듯 나눠줄 수밖에 없다.
2012년 각종 비과세·감면으로 깎아준 세금규모는 모두 31조 9871억

원으로 추정된다.[23] 이는 2011년의 30조 6194억 원보다 1조 원 이상 더 많은 금액이다. 2010년 국가부채가 총 393조 원에 달하는 것을 감안하면 각종 법률적 조치로 덜 걷은 세금이 국가부채의 10% 정도 차지하는 셈이다.

표만 얻고 사업은 뒷전,
쏟아지는 어설픈 변명들

18대 총선 공약이 제대로 지켜졌다면 서울시 한강대교 부근 이촌동 앞 둔치에는 이미 용산국제업무지구~민족공원~여의도를 연결하는 도심 모노레일 중간 역사가 들어섰어야 했다.[24]

그러나 2011년 12월 현재까지 잡초만 무성할 뿐 모노레일 역사 개발의 흔적은 전혀 찾아볼 수 없다.

3년 6개월이 지난 현시점에서 18대 총선 당시의 선거공약 이행여부를 조사해 본 결과 모노레일 건설공약을 비롯해 용마공원 테마파크 조성, 신림동 애니메이션타운 설립, 부산시 영도관광공사 설립, 부천시 특목고 유치공약 등이 폐기됐거나 보류·지연돼 18대 임기 중 사실상 실현 불가능한 상태다.[25]

특히 공약이행이 저조한 사업은 뉴타운·재개발, 특성화고 설립, 경전철·모노레일 등 3대 분야에 집중됐다. 이들 3대 공약은 부동산 시세나 교육·주거 환경 등 유권자들의 표심을 움직일 수 있는 달콤한 지역개발·유치공약으로 2012년 19대 총선에도 또다시 등장할 가능성이 높다는 점에서 유권자들의 철저한 검증이 필요하다. 경전철사업의 경우 km당 500억~600억 원의 투자비용이 들어가는 점을 감안하면 18대 총선에 당선된 수도권 후보들은 모두 합쳐 수십 조 원대 예산이 들어가는 공약을 제멋대로 남발한 셈이다.

해당 의원들의 해명도

"서울시와의 협의과정에서 경제성 문제가 제기됐고 예비타당성 조사결과도 좋지 않게 나왔다."

"사업자 입찰과정에 문제가 있어 연기됐다."

"관광공사를 설립하더라도 기반시설이 갖춰지지 못할 경우 예산만 낭비하는 결과를 가져올 수 있어 과감히 공약을 폐기하기로 했다."

"2008년 경제위기로 지역기업들이 투자를 꺼린 게 주요 원인이었다."

"용지와 예산 확보가 어렵다고 판단해 과감하게 추진하지 못했다."

등 가지가지였는데 대부분 지역개발이라는 긍정적인 취지에도 불구하고 지방자치단체 예산배정이 불발됐거나 타당성 조사에서 통과하지 못했다는 얘기이지만 이들의 공약을 보고 표를 던진 유권자 입장에서는 명백한 공약위반이다.

정부의 일자리 창출공약도 선심성일 가능성이 크다. 이는 가장 효과적인 복지확충방안이지만 정부가 사회부조 차원의 일자리를 직접 만들어내는 방식은 경제위기 때만 단기적으로 활용해야지 계속 되풀

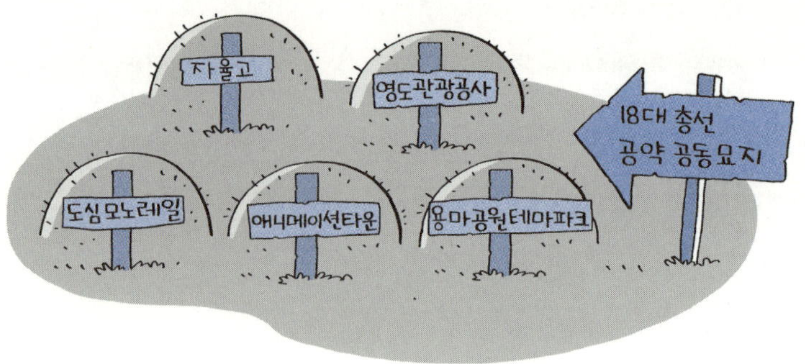

이되어서는 곤란하다. 그보다는 산업구조를 서비스업 중심으로 바꾸는 작업에 초점을 맞춰 업종별로 시장을 확대하거나 생산성을 높이는 미시적 정책을 펴야 한다.

정부는 2013년에 균형재정을 달성하겠다는 의지를 담아 2012년 예산안을 마련했다고 설명하지만 국회에서 덜어낼 군살이 많다. 2011년 국정감사에서 드러난 예산낭비 사례가 2012년도 예산안 심의 때는 모두 걸러져야 한다. 여야 의원들의 변칙적인 지역구 사업비 증액도 되풀이해서는 안 된다.

지금은 글로벌경제의 극심한 불확실성으로 인해 우리 경제도 일촉즉발의 위기에 직면한 상황이다. 포퓰리즘의 유혹을 떨치고 알뜰하게 나라살림을 챙기는 예산심의가 진행되어야 한다.

서울시장 선거는
장밋빛 복지전쟁

성장·개발 담론이 지배했던 2007년 대선과 2008년 총선은 한나라당이 압승을 거두었다. 대선 때는 이명박 대선후보가 내세운 '747(7% 성장, 4만 달러 소득, 7대 강국 도약)공약'이 먹혔고, 총선 때는 한나라당의 '뉴타운공약'이 먹혔던 것이다.

그러나 2010년 6·2지방선거에서 무상급식을 내세운 야권이 한나라당에 압승을 거두자 선거판의 이슈는 성장에서 복지로 급선회했다.

그러다 보니 2011년 서울시장 선거에서도 장밋빛 공약들이 난무했다. 국제도시인 서울의 경쟁력을 높이기 위한 미래비전이나 전략, 청사진보다는 소상공인이나 영세서민 등 사회적 약자층을 겨냥한 인기영합식 정책들을 늘어놓기에 바빴다.

야당 후보의 10대 공약 중 4개가 복지공약이었고, 10대 공약에서 사회간접자본SOC 건설공약은 없었다. 주거·보육·교육·환경의 4대 분야에 '시민생활 최저선'이라는 개념을 도입해 복지에 치중했다.

여당 후보도 복지공약을 쏟아냈다. 12건의 생활공감정책 중 6건이 복지공약이었다. 토목사업은 경인익스프레스(급행 철도노선) 조기 착공에 국한됐다. 영아(0~2세) 전용 국공립 어린이집 확충, 3~4세아 표준보육비 인상 등의 무상보육공약도 이어졌다.

여야가 다른 점은 복지의 질이었다. 전면 무상급식 추진을 내건 야당 후보가 양화대교 교각 확장공사 예산을 복지예산으로 돌리겠다며 '탈오세훈' 노선을 명확히 한 반면, 여당 후보는 전면 무상급식은 반대한다는 입장이었다.

근본적으로 야당은 보편복지이고, 여당은 선택복지라는 차이가 있다. 여당 후보가 "공짜복지라는 것은 복지포퓰리즘, 표를 얻기 위한 정책"이라고 주장하자 야당 후보는 "보편적 복지는 시대적 흐름"이라고 맞받아쳤다.

복지논쟁을 떠나 두 후보가 내세운 공약이 대부분 현실성이 없는 포퓰리즘 공약이었다는 게 문제다. 국내의 한 유명 경제지가 재원확보 타당성, 경제효과 및 우선순위, 허위·과장 정도 등 3개 항목에 대해 최소 1점에서 최대 4점을 부여하는 방식(최고 12점, 점수가 높을수록 포퓰리즘 성격이 강함)으로 선거공약을 평가한 뒤 이를 합산해 평균점수(지수)를 내는 방식의 포퓰리즘 측정지수를 개발했다. 그리고 이를 토대로 한나라당 나경원 후보와 무소속 박원순 후보의 주요 5개 공약들을 평가한 결과 대부분 재원확보 계획 없이 인기만을 위해 급조되었거나 미래세대에 상당한 부담을 줄 수 있는 포퓰리즘 성격이 강한 것으로 나타났다.[26]

나 후보는 교육인프라 개선에 1조 원 투자(5.2점), 1구 1소상공인 지원센터 설립(5.2점) 등 4개 공약이 포퓰리즘 2단계 구간(4~6점)인 '인기영합을 위해 급조된 설익은 정책'이라는 평가를 받았다. 박 후보는 더욱 심각했다. 서울시 재정부채 7조 원 감축(8.5점), 공공임대 8만 호 공급(8.1점), 청년벤처 1만 개 육성(7.3점) 등 4개 공약이 3단계 구간(7~9점)인 '정책효과를 기대하기 어렵고 재정파탄을 초래할 수 있는 유사 포퓰리즘 정책'으로 평가돼 나 후보에 비해 상대적으로 포퓰리즘 성향이 더 강하게 나타났다. 박 후보의 공약 가운데 한강르네상스사업(1조 원 규모) 전면 재검토 공약이 5.2점을 받아 포퓰리즘 성격이 가장 약한 것으로 평가됐다.

이들 후보의 공약들 가운데 포퓰리즘 성격이 가장 강한 것은 박 후보의 초·중학생 95만 명 무상급식(8.7점)이었다. 박 후보는 무상급식 전면실시를 위해 총 3030억 원이 필요하다며 2014년까지 한강운하사업과 지천운하사업 등을 중단해 재원을 마련하겠다고 밝혔다. 그러나 무상급식은 사업종사자 인건비와 관리비용, 급식시설 확충 등 겉으로 드러나지 않는 예산이 대거 소요되는데 운하 중단만으로는 필요한 재원이 충당되지 않을 것이라는 게 전문가들의 견해다. 박 후보가 제시한 공공임대주택 8만 가구 건설에는 1조 원이 넘는 예산이, 청년 벤처기업 100개 육성에는 약 400억 원의 예산이 각각 필요할 것으로 추산됐다.[27]

생활복지형 정책에 초점을 맞춘 나 후보도 구체적인 재원확보방안을 제시하지 못한 채 포퓰리즘 유혹에서 벗어나지 못했다. 교육인프라 1조 원 투자와 국공립 어린이집 100개 신설은 나 후보 정책 중 재원확보가 가장 미흡한 것으로 평가됐다. 서울시 1년 예산이 20조 원 규모인데 교육 인프라스트럭처에만 1조 원을 투입한다는 발상도 현실적이지 못한 데다 소상공인 지원센터 설립은 공무원 일자리 창출에는 기여할 수 있지만 영세상인 지원효과는 거의 없는 전시성 사업이라는 지적도 이어졌다.

이렇듯 서울시 운영에 대한 비전과 목표를 제시하기보다는 서민층이나 영세사업자들의 표를 의식한 공약들이 난무하다 보니 지자체 행정도 세출과 세입을 명확하게 파악할 수 있도록 재원마련계획을 사전에 제시하게 하는 제도적 장치가 마련되어야 한다는 얘기도 나오고 있다.

우리나라 간판도시이자 인구 1000만 명인 서울의 시장을 뽑는 선거가 이 정도이니 나머지 지역에서 건전한 정책대결을 기대하기란 사실상 어려울 것으로 보인다.

2012년 서울시 최대 사업은
무상급식?

　지금 서울시의 화두는 무상복지다. 민주당은 신임시장이 들어서자마자 2012년 선거를 의식해 "무상급식이 무상복지로 가는 첫걸음"이라며 또다시 '끝도 없는 복지타령'을 하고 있다.

　전체 초등학생을 대상으로 전면 무상급식이 시작된 2011년 11월 1일, 서울시의회 한 민주당 시의원이 발표한 성명서 내용은 가관이었다. 박 시장의 무상급식 실시를 환영하며 무상급식의 질을 높이는 한편 급식예산을 교육청에 비해 서울시가 좀 더 부담해야 한다는 것이다.

　서울시 전체 초등학생의 전면 무상급식을 위해 필요한 예산은 총 2292억 원. 51만 8000여 명에게 2457원짜리 점심을 매일 무료로 지원하는 데 들어가는 돈이다.

　이 예산은 서울시교육청이 50%, 서울시가 30%, 자치구청이 20%를 부담하게 된다. 대략 교육청이 1150억 원, 서울시가 700억 원, 자치구청이 450억 원을 내는 것이다. 그러나 민주당 시의원의 주장은 서울

시가 교육청보다 더 많은 50%를 부담하고 교육청이 30%, 자치구가 20%를 내야 한다는 것이다.

서울시 관계자는 현행 무상급식 예산비율을 30%에서 50%, 혹은 70%까지 늘리는 것은 사실상 불가능하다고 보고 있다. 결국 무상복지는 서울시 재정을 파탄으로 내몰고, 시민의 호주머니에 들어 있는 쌈짓돈을 세금으로 갈취하게 될 것이 분명하다.

좌 포퓰리즘은 악,
우 포퓰리즘은 선?

2011년 서울시 무상급식 주민투표와 10.26 서울시장 보궐선거에서 야당의 보편적 복지가 잇따라 승리하자 여·야는 2012년 총·대선을 겨냥해 복지전쟁에 돌입했다.

민주당은 이미 '3+1' 복지 마스터플랜에 이어 비정규직 문제 해법, 일자리 예산 증액 등이 추가된 '좋은 성장, 경제정의'라는 2단계 정책 플랜을 공개했고, '3+1'이 어떻게 지속가능하고 증세 없이도 실현할 수 있는지에 대해 대국민 홍보활동을 펼치고 있다.

이런 상황에서 한나라당도 더 이상 눈치만 살필 수는 없게 되었다. 실제로 한나라당은 보편적 복지와 선택적 복지를 혼합해 주택, 의료처럼 예측이 불가능하거나 도덕적 해이가 우려되는 분야는 선택적 복지로, 저출산 고령화대책에 해당하는 보육, 교육, 노인대책은 보편적 복지로 한다는 등 차별화된 복지구상을 위한 논의를 진행하며 본격적으로 민주당과의 복지경쟁에 뛰어들 준비를 갖추었다.

이에 앞서 한나라당은 '보수당조차 포퓰리즘에 빠져 있다.'는 비난을 피하기 위해 사전 방어전략을 가동했다. 이분법 전술을 사용하는 포퓰리즘 자체를 아예 선과 악으로 나눠 보수당의 포퓰리즘은 선이라는 인식을 국민들에게 심어주겠다는 것이다.

여당 대표가 공개방송에 출연해 "2012년 총선과 대선에서 우파 포퓰리즘 정책을 추진하겠다."고 당당하게 선언하는가 하면 "지금 한나라당이 추진하고 있는 반값등록금과 서민복지 확대, 전·월세 상한제, 비정규직 대책 등은 모두 헌법에 근거를 두고 있는 좋은 우파 포퓰리즘이다. 민주당의 무상시리즈처럼 국가재정을 파탄시키는 나쁜 좌파 포퓰리즘과는 다르다."는 묘한 말까지 하고 있다.

이에 대해 민주당 대변인은 "이명박 대통령의 공약이지만 폐기된 반값등록금을 우리 민주당이 3+1 보편적 복지정책의 하나로 발표했을 때 한나라당이 뭐라고 그랬나. 이건 망국적 정책이다, 그리고 세금폭탄이 쏟아질 것이라고 비판했다. 그런데 4.27재보선이 끝나면서 한나라당은 표심을 찾아 아침저녁으로 진보·보수를 넘나들고 있다. 감세철회, 아동무상복지에 이어 이번에는 반값등록금까지 민주당의 복지정책을 따라하고 있다."고 비난했다.

사실 반값등록금은 '좋은 포퓰리즘'이고 무상등록금은 '나쁜 포퓰리즘'이라는 것은 상식에 어긋나는 논리다. 반값등록금이나 무상등록금이나 크게 다르지 않다. 우파 포퓰리즘이건 좌파 포퓰리즘이건 포퓰리즘은 다 같은 포퓰리즘일 뿐이다.

니들이 복지를 알아?

좌파복지, 우파복지, 보편적 복지, 선별적 복지, 맞춤형 복지, 좋은 복지, 나쁜 복지, 시혜성 복지….

정치인들이 자신의 복지가 상대방의 복지와는 다르다는 것을 보여 주거나 상대방의 복지를 싸잡아 비방하기 위해 만든 신조어들이 연일 신문과 방송을 통해 쏟아져 나오고 있다. 국민들이 갈수록 복지가 무 엇인지 감을 잡지 못하는 것도 이 때문이다.

복지의 사전적 의미는 '행복한 삶'이다. 다소 애매하다. 따라서 온 갖 '토'를 단 복지용어들이 생겨나는 것이다. 여기에 무상복지라는 개 념까지 나와 국민들의 공짜심리를 부추기고 있다. 무상이 아닌데 무상 이라는 표현을 쓰는 것도 문제이지만 그보다 더 큰 문제는 정치인들 의 머릿속에 복지에 대한 개념과 철학이 제대로 잡혀 있지 않다는 것 이다.

　이전 정권의 책임도 크다. 우리나라의 복지개념은 1990년대 이후 문민정부에서 나왔다. 국민의 정부에서 본격적으로 복지정책을 시작했고, 참여정부에 들어서서는 발전된 프로그램이 많이 나왔다. 하지만 OECD 국가 평균에 비해 GDP 대비 복지비중이 매우 낮은 만큼 우리 현실에 맞는 정책을 집중적으로 발전시켰어야 했다.

　이제 복지에 대한 개념부터 명확하게 정립해야 한다. 지금의 복지 논쟁에서 보듯 복지에 대한 명확한 철학적 인식 없이 정책이 제안될 경우 상황과 여건이 변하면 복지정책까지 흔들리기 마련이다.

　사회여건이 바뀌면 복지에 대한 개념도 달라져야 한다. 예전엔 공공부조 수급 정도의 수동형 개념으로 생각해 왔었지만 이젠 공공부문 등 삶의 모든 영역에 해당하는 '능동형 개념'으로 바뀌었다. 따라서 주체별로 아주 다양한 욕구를 포괄적으로 충족시켜야 한다는 점들을 고려해서 중·장기적인 복지정책을 세워야 한다.

실제 정책에 있어서도 보편적 프로그램인지, 선별적 프로그램인지를 명확히 구분해야 하며, 복지정책 하나하나의 개념도 정확히 정의해야 한다. 무상급식의 경우 급식비 납부 여부와 상관없이 모든 학생이 혜택을 받는 보편적 복지를 의미하는데 '무상급식 논란'이 불거지면서 급식혜택의 대상을 넓히자는 내용으로 원래 개념과 다른 논쟁을 벌이고 있다. 보편적 복지냐 선별적 복지냐를 놓고 논쟁하기보다는 개별정책을 시행하기에 앞서 개념을 정확하게 검토하고 정의하고 타깃을 구체화할 필요가 있다.

중·장기적인 복지정책의 청사진을 마련할 싱크탱크를 확보하는 일도 중요하다. 우리나라를 대표하는 두뇌집단인 한국개발연구원KDI도 복지정책에 관심을 갖고 제대로 연구를 시작한 것이 얼마 되지 않는다. 무상복지 운운하기보다는 연구기관 간의 연계를 통해 복지정책에 대한 논의를 정례화하고 정부가 적극적으로 나서서 청사진을 마련하는 것이 우선이다.

정치연극의 연출자이자 배우인 '포퓰리스트', 그들은 항상 '포퓰리즘'이라는 대중들에게 인기가 있는 시나리오를 팔에 끼고 배우들을 찾아 나선다.

포퓰리스트의 역할은 의외로 간단하다. 연극판이 벌어지면 국민들을 강자와 약자로 나눠 무대 위에 세우고 자신은 약자들 앞에서 강자를 향해 칼을 휘두르는 기사騎士 역을 맡는다. 약자들은 칼을 사는 비용으로 자신의 호주머니에 든 동전을 꺼내 기사에게 내어주는 장면을 연출하고, 이후 무대조명이 꺼지면 기사는 동전을 싸들고 어디론가 사라지기만 하면 된다.

PART 5

포퓰리스트,
그들의 실상은?

고리대금업자만 잡으면
모두가 행복해진다?

한 도시에서 시장 선출을 위한 TV 선거유세가 열렸다. 특이한 점은 선거운동 기간 고작 10분간의 TV 선거유세 외에 일체의 선거운동이 허용되지 않는다는 점이다.

이 도시에는 농사를 짓는 농부들과 바다에서 고기를 잡는 어부, 농수산물을 유통하는 유통업자, 이들에게 사업자금을 빌려주는 소수의 대출업자 등이 살고 있었다.

허겁지겁 짧은 시간에 연설문을 준비한 한 후보가 연단에 섰다.

"시민 여러분, 요즘 밥 먹고 살기 힘드시죠? 어쩌다 이렇게 되셨습니까? 여러분, 여러분이 이렇게 된 건 다 저 고리대금업자 때문입니다"

그 후보는 군중 속의 한 사람을 손으로 가리키며 외쳤다. 시민들은 그가 무슨 말을 하는 건지 도무지 이해할 수 없었다.

그 후보가 말을 이었다.

"저 고리대금업자가 여러분들에게 비싼 이자를 받아 여러분이 힘

들어지신 겁니다. 저 사람의 재산을 세금으로 몰수해 여러분께 다시 돌려드리겠습니다.”

연설이 끝나자 평소 돈이 필요한 시민들에게 사업자금을 빌려주던 금융업자는 돌연 악덕 고리대금업자로 몰려 시민들에게 경계의 대상이 되었다.

“그래, 맞아.”

“생각해 보니 아주 간단하네.”

“내 돈 나가는 것도 아니야.”

“돈을 준다잖아.”

시민들의 귀에 그 얘기는 아주 타당하게 들렸다. 아니, 자신이 희생하지 않고 이득을 볼 수 있다니 당연히 그렇게 되기를 바랐다.

　시장 후보가 한 금융업자를 선거의 재물로 삼은 이 이야기를 통해 우리는 포퓰리스트의 실상을 엿볼 수 있다. 능숙한 말솜씨를 자랑하는 그들은 미디어를 자유자재로 활용하며, 특정 소수를 적으로 돌려 다수의 표를 얻는 재물로 사용한다. 선택된 다수의 서민을 옹호하고 그들의 대변자 역할을 하겠다고 나선다. 하지만 이는 표를 얻기 위한 정치 쇼에 불과하다. 국가의 장래에 대해서는 눈곱만큼도 관심이 없는 그들은 국민이 낸 혈세를 자신들의 기득권 확보를 위해 급조된 정책에 쏟아 붓는다. 그리고 사람들이 자신을 신과 같은 능력이 있는 존재로 인식하도록 호도한다.

뛰어난 미디어 연출가

히틀러처럼 미디어가 없던 시대의 포퓰리스트들은 대규모 군중집회를 통해 사람들을 선동했었다. 1950년대에 페론도 필요에 따라 수만 내지 수십 만 명의 지지세력을 동원해 정치적 효과를 극대화시키곤 했다.

그러나 현대에는 텔레비전과 같은 미디어가 그 역할을 대신하고 있다. 특히 포퓰리스트 운동에서는 '미디어 선동'이 성패를 좌우한다고 해도 과언이 아니다. 많은 오피니언 리더들이 국가 원수의 의중과 동향에 관심을 가지고 있다. 언론도 마찬가지다.

역대 정권의 언론들은 대통령이 집권할 때마다 비판적인 기사를 썼다. 그로 인해 국가 원수와 언론의 관계가 악화될 수밖에 없었고 야당은 이런 언론을 적극적으로 활용해 자신들의 주장을 홍보하고 정당화시켜왔다. 또한 포퓰리즘 정권들은 이를 역으로 이용해 언론 대 언론의 대립을 부추기고 정권과 유착하는 친위언론을 만들어내기도 했다.

　일본의 고이즈미_{小泉} 총리도 일찌감치 미디어의 중요성을 간파했다. 그는 대중에게 직접 호소하기 위해 텔레비전을 집중적으로 활용했다. 그리고 '과거의 규칙에 연연하지 않는다.'는 이미지를 부각시키기 위해 대중적 인기가 높은 스포츠신문과 인터뷰를 하거나 오락성 강한 텔레비전 뉴스 프로그램에 출연하기도 했다. 텔레비전에 자주 출연한 고이즈미는 전형적인 '연예정치인'이었다.

　미국의 로스 페로Ross Perot도 고이즈미에 뒤지지 않는다. 「래리 킹 라이브」같은 인기토크쇼에 나가 인지도를 끌어올리는 능력이 뛰어났던 그는 최장 30분까지 허용되는 방송광고로 사람들의 이목을 집중시키는 것을 선거운동 전술의 핵심으로 삼았다.

　오스트리아의 하이더Haider 역시 특정 미디어의 논조를 자신에게 유리한 방향으로 이끄는 재주가 있었고, 프랑스의 르펜Le Pen 또한 미디어의 관심을 끌어 모으는 탁월한 커뮤니케이션 능력을 지니고 있었다.

　이탈리아의 포퓰리스트 실비오 베를루스코니Silvio Berlusconi 총리는 '미디어 황제'라는 별명에 걸맞게 언론그룹 메디아세트의 총수이기도 했다. 메디아세트는 민영 텔레비전 방송 3개 채널, 광고홍보회사와 다수의 위성 및 디지털 방송채널을 거느리고 있다.

　그는 2004년 총리 재임 시절엔 자신에게 비판적이던 공영방송 라이RAI의 이사진 3분의 2를 정부·여당이 선임토록 한 가스파리법을 통과시켜 이탈리아 방송의 90%를 장악하고, 방송사업자가 점유율에 상관없이 신문사를 소유하는 것을 허용했다. 그의 소유인 이탈리아 최대

출판사 아르놀도 몬다도리는 인기 뉴스잡지 『파노라마』를 발행한다. 주류 미디어가 실비오 베를루스코니 개인의 여론조작과 홍보수단으로 전락한 셈이다.

이처럼 세계 각국의 포퓰리스트 정치인들은 미디어의 중요성을 누구보다 잘 알고 있다. 그들은 하나같이 '커뮤니케이션의 귀재'라는 칭호를 얻을 만큼 미디어를 잘 활용하고 있고, 따라서 그만큼 미디어에 대한 의존도도 높다.

미소 짓는 복지가면

1945년 아르헨티나의 페론은 30만 군중 앞에서 "아르헨티나를 일류복지국가로 만들 것"이라고 약속했다. 이처럼 포퓰리스트들은 마치 가장이 사회적·경제적으로 자립하지 못하는 자녀를 돌보듯 무력한 대중을 정신적·물질적으로 도와주거나 그들의 절박한 상황을 개선해 주겠다고 약속한다.

그러나 이들의 속내는 따로 있다. 여·야당의 무상복지서비스 역시 겉으로는 '요람에서 무덤까지'를 표방하고 있지만 사실은 표를 얻기 위한 꼼수에 지나지 않는다.

무상보육에서 대학등록금까지 전 방위에 걸쳐 있는 한나라당의 복지에 유독 고교 무상교육만은 빠져 있다. 이치로 따지면 대학등록금 지원보다 고교 수업료 지원이 우선인데도 이에 대해서는 한마디의 언급도 없다.

'3+1'의 복지시리즈에 반값등록금을 끼워 넣은 민주당 역시 고교 무상교육 실현에 대해서는 입도 뻥긋하지 않는다.

재정문제 때문은 아니다. 등록금 지원에 5~7조 원이 들어가는 것에 비해 일반고까지 무상교육을 실시하는 데 들어가는 재정은 2조원 정도이다. 그야말로 반값도 안 된다.

그렇다면 2011년부터 특성화고 학생들에게 수업료를 면제해 주었으니 그것으로 충분하다고 보는 것일까? 하지만 이것은 이유 치고는 너무 궁색하다. 엄청난 금액이 들어가는 것도 아니고 모든 고교생에게 수업을 면제해 주는 것으로 2조 원 안팎이라면 통 크게 한번 쏠 수도 있을 것이다.

문제는 나이에 있다. 등록금을 지원받는 대학생은 대부분 한 표를 행사할 수 있는 20대 유권자다. 무상보육도 그렇다. 0세부터 4세까지의 자녀를 둔 부모라면 대부분 20대 말에서 30대 초중반의 유권자다. 무상급식의 수혜자 역시 초등학생부터 중학생까지의 자녀를 둔 30~40대 부모들이다. 반면에 고교생을 자녀로 둔 부모는 대부분이 50대의 유권자들이다.

20~40대 유권자와 50대 유권자는 성향부터 다르다. 20~40대 유권자는 야당 성향이 강한 반면 50대 유권자는 상대적으로 여당 성향이 강하다. 게다가 20~40대 유권자는 상대적으로 표심의 탄력성이 높은 반면에 50대 유권자는 상대적으로 낮다.[28]

따라서 한나라당 입장에서는 안정적인 표밭인 50대 유권자보다는 20~40대의 표를 얻기 위해 공을 들이는 것이 당연하다. 민주당도 마찬가지다. 표를 얻기 힘든 50대 유권자보다는 야권에 호의적인 20~40대에게 공을 들여 표를 굳히는 것이 더 유리하다.

대학등록금보다 고교 무상교육에 먼저 재정지원을 해야 하는데도 여야 할 것 없이 대학등록금에만 신경을 쓰고 있는 이유는 바로 표 때문이다. 복지가면을 쓰고 유권자들을 향해 미소 짓고 있지만 속으로는 더 많은 표를 얻을 수 있는 방법을 찾아 부지런히 주판알을 굴리고 있는 것이다.

단타를 노리는 스캘퍼

2011년 4월 29일 연일 고공행진을 이어가던 코스피 KOSPI가 한국 증시 사상 최고치인 2230포인트를 찍던 순간 증권가에서는 환호성이 터져 나왔다. 증권사들은 머지않아 3000포인트를 돌파할 것이라는 장밋빛 보고서를 내놓았고 투자자들은 기대감에 부풀어 주식 사재기에 나섰다.

그러나 이러한 기대는 한순간에 무너졌다. 이날 이후 서서히 떨어지던 주가는 8월 들어 폭락장세로 이어졌고 시장은 금세 공포에 휩싸였다. 9월 중순 코스피는 최고가 대비 20%나 폭락했다. 그야말로 몇 달 새 천국과 지옥을 오고간 셈이다.

변동성이 강한 주식시장에는 다양한 투자패턴의 투자자, 즉 지금 당장의 주가흐름보다는 기업의 장기적인 미래가치를 보고 투자하는 장기투자자와 하루에 몇 차례만 사고파는 데이트레이더 day trader, 단기 시세차익만을 노리고 하루에 수십 번 또는 수백 번씩 초단타 트레이

딩을 하는 스캘퍼 scalper 등이 존재한다.

포퓰리스트들을 여기에 대입해 보면 그들은 장기투자자도, 데이트 레이더도 아닌 스캘퍼라 할 수 있다. 스캘퍼는 미래를 내다보며 종목에 투자하지 않기 때문에 굳이 기업의 재무구조나 장기가치를 분석하려 들지 않는다. 그들에게 중요한 것은 지금 당장 얼마의 수익을 얻을 수 있느냐는 것뿐이다.

국내 포퓰리스트들 역시 '한국주'라는 종목의 미래가치에 그다지 관심을 보이지 않는다. 10년, 20년 후의 한국은 그들에게 중요하지 않다. 10년 후 국가재정이 파탄 나고 국가부도 상황이 닥치더라도 지금 당장 손실만 보지 않으면 상관없다. 이들의 관심은 오직 4~5년간이라도 정권의 기쁨을 맛보는 것이다. 그리고 이 목표를 이루기 위해 리스크가 큰 초단기 보여주기식 정책에 국민의 혈세를 과감하게 배팅한다. 왜 그럴까. '깡통'을 차더라도 그들이 손해 보는 것은 한 푼도 없기 때문이다.

'무상'이라는 선심성 공약을 들고 나와 저마다 '조兆' 단위의 투자를 입에 올리며 국가재정을 흥청망청 써대려는 스캘퍼성 포퓰리스트를 우리는 항상 경계하지 않으면 안 된다. 그들이 배팅하는 돈은 국민들이 열심히 일해서 내는 혈세이며, 우리 아이들에게 넘겨줘야 할 자산이기 때문이다.

그럴싸한 언변술사

포퓰리스트들은 언변술의 대가이다. 여·야간 무상서비스 논쟁에서도 애매모호한 어법으로 위기의 순간을 교묘하게 빠져나간다.

여·야는 무상복지와 관련해 이상한 논리로 논점을 흐리려 애쓰고 있다. 한나라당은 국민들의 관심을 높이기 위해 '반값등록금'이라는 파격적인 단어를 사용했지만 약속을 이행하라는 대학생과 학부모들의 요구가 커지자 이내 '등록금 인하방안'으로 이름을 바꿨다.

한나라당의 등록금 인하방안이 소득 하위계층 중에서 성적에 따라 장학금을 지급하는 것으로 확정되자 민주당은 '공부 못하는 학생은 가난해도 자격이 없는 것이냐.'는 말로 한나라당을 비판했다.

이에 한나라당은 '대학에 가지 말아야 할 학생들까지 가는데 무슨 반값등록금이냐.', '진학률이 80%가 넘는데 등록금을 지원하면 과잉교육이 심화된다.'며 학력격차 때문에 벌어지고 있는 심각한 사회문제들을 애써 외면하려고 한다. 심지어 '기여금 입학제 도입'을 언급하며

딴청을 부리거나 '교수들의 고액 연봉'이 문제라고 물 타기까지 한
다.[29] 진정성도 없고 친서민·공정사회·사회안전망 강화와도 거리가
먼 말들로 마술 부리듯 사람들을 홀리고 있는 것이다.

예수가 되려는 연금술사

저녁이 되매 제자들이 나아와 가로되 이곳은 빈들이요 때도 이미 저물었으니 무리를 보내어 마을에 들어가 먹을 것을 사먹게 하소서

예수께서 가라사대 갈 것 없다 너희가 먹을 것을 주어라

제자들이 가로되 여기 우리에게 있는 것은 떡 다섯 개와 물고기 두 마리뿐이니이다

가라사대 그것을 내게 가져오라 하시고

무리를 명하여 잔디 위에 앉히시고 떡 다섯 개와 물고기 두 마리를 가지사 하늘을 우러러 축사하시고 떡을 떼어 제자들에게 주시매 제자들이 무리에게 주니

다 배불리 먹고 남은 조각을 열 두 바구니에 차게 거두었으며

먹은 사람은 여자와 아이 외에 5000명이나 되었더라

신약성서 마태복음에 나오는 '오병이어五餠二魚' 이야기다. 유대 해

방 축일인 유월절 기간에 예수의 말씀을 들으려 빈들에 모인 5000여 명의 민중을 '보리빵 5개와 물고기 2마리'로 배불리 먹였다는 내용이다. 당연히 돈은 받지 않았다. 예수의 신적 능력과 함께 기독교 신앙의 바탕에 '먹는 문제'로 차별하지 않는 나눔과 공생의 정신이 있음을 강조한 이야기이다.

민주당은 줄곧 증세 없는 '3+1복지'를 실현하겠다고 주장한다. 세금을 거둬들이지 않고도 수십 조의 예산이 소요되는 무상복지를 실현할 수 있다는 주장은 자칫 그들도 예수와 같은 오병이어의 기적을 일으킬 수 있다는 말로도 들린다.

정치권이 발표한 무상복지의 밑그림은 포퓰리즘 연금술의 극치極致로 시작해 수치羞恥로 끝날 확률이 크다. 세금을 걷지 않는 무상복지는 말 그대로 무無에서 금金을 만들어내야 가능하다. 하지만 정치권은 여전히 금 제조기법이 적힌 연금술서를 찾지 못했다. 시간이 흐를수록 무상복지가 연금술이 아닌 연금술수術數로 보이는 것도 바로 이 때문이다.

PART 6

포퓰리즘
연금술의 논리

이분법,
나는 항상 다수의 편

포퓰리스트들은 나라 안팎의 문제와 관련해 '희생양' 또는 '원흉'을 즐겨 찾는다. 적과 동지로 나눠 만만한 적에 대한 증오심을 자극함으로써 다수표층의 인기를 얻기 위해서다.

이러한 적과 동지의 개념은 사회구조가 다변화되면서 정치적 이데올로기에서 나온 '여·야당-국민', '빨갱이-민주시민', '친일파-한민족' 등을 넘어 '재계-서민', '재계-노동자' 등으로 확대되고 있다.

유럽의 우익 포퓰리스트들에게 공산주의는 더 이상 적극적으로 대처해야 할 경계대상이 아니다. 이제 그들에게 공산주의는 시대에 뒤떨어진 이데올로기에 지나지 않는다.

그렇다고 확연하게 드러나는 인종차별정책을 내세울 수도 없는 일이어서 민족주의를 앞세워 반외국인 정치를 부추겨 표를 얻고 있다. 외국에서 온 이민 노동자들은 이들 포퓰리스트들의 주요 표적이 된다. 이주 노동자들이 힘없고 가난한 국민의 일자리를 위협한다며 그들을 향해 적개심을 나타난다. 오스트리아와 스위스, 덴마크 등 유럽의 우익 포퓰리스트들은 공통적으로 '우리는 이렇게 못사는데 저 사람들은 여전히 잘 살고 있다.' 라든지 '저들을 몰아내고 우리가 대신 그 자리를 차지해야 한다.'는 내용의 구호를 외친다.

도발적인 말과 튀는 행동으로 유명한 네덜란드의 포퓰리스트 정치인 핌 포르투인Pin Fortuyn는 '네덜란드를 인민들에게 되돌려주어야 한다.'는 캐치프레이즈를 내걸고 주류 정치인들을 공격하는 한편 노골적으로 반 이민정책을 펼쳤다.

국내정치에서도 정치 이분법은 많이 써온 방식이다. 일제강점기와 한국전쟁이라는 암울한 비극을 겪은 국민들의 마음속에는 여전히 강한 반일·반공정서가 뿌리 깊게 남아 있다. 포퓰리스트들이 이를 놓칠 리 없다. 이러한 국민정서를 정치적으로 활용해 '친일파', '빨갱이' 논쟁을 불러일으켜 마치 자신은 국민을 안전하게 지키는 체제수호자이고, 상대는 국민을 적대국의 지배 속에 몰아넣고 자본주의체제를 무너뜨리려는 배후의 인물로 몰아붙였다.

포퓰리스트들의 이러한 이분법은 정치 이데올로기에만 한정되지 않는다. 경제적으로 가진 자와 가지지 못한 자를 구분해 가진 자를 '악'으로 규정하여 다수의 서민과 노동자계층의 환심을 사기도 한다. 최근 들어 차기 선거를 앞두고 여·야당이 대기업과 중소기업을 이분화시키는 것도 그 한 예다. 대기업을 중소기업의 몫을 빼앗고 사업 기회를 막는 존재로 '악마화'시키고 있는 것이다.

정부는 금융위기를 겪은 국가 중에서 우리나라가 가장 먼저 경제회복에 성공했다며 자화자찬해 왔다. 이런 자랑을 할 수 있었던 것은 대기업들이 글로벌시장에서 사운을 걸고 경쟁을 벌여 기대 이상의 실적을 거뒀기 때문이다. 해외 신용평가회사들은 삼성·현대차·LG·현대중공업 등 대기업들의 눈에 띄는 성과에 줄곧 긍정적인 반응을 보였고, 무디스와 스탠더드앤드푸어스S&P는 국가신용등급을 올리기까지 했다. 외국투자자들은 다시 한국 주식시장에 몰려들었고 금융위기 이후 한때 900대 이하로 떨어졌던 코스피는 2000선에 안착해 외환보유액은 사상 처음으로 3000억 달러를 넘어섰다.

그러나 정부는 집권 후반기에 민심이반이 확산되자 돌연 재벌 손보기에 들어갔다. 재벌을 경제회복의 파트너로 삼다가 서민경제가 호전되지 않자 그 책임을 재벌들에게 돌리기 위해서다. '비즈니스 프렌들리'는 하루아침에 '비즈니스 프레스business press'로 바뀌었고, 재계에 대한 많은 시민들과 노동자계층의 불만이 높아지면서 재계는 자연스럽게 '악'으로 돌변하고 말았다.

배고픈 서민은 정치적 동반자

정부와 정치권은 복지정책과 관련해 친서민 정책이니 친서민 행보니 중산층 확대니 하는 말을 자주 늘어놓는다. 그 밑바탕에는 사회의 대다수를 구성하고 있는 배고프고 지친 서민들에게 달콤한 정책으로 표를 얻겠다는 구상이 깔려 있다. 이렇듯 배고픈 서민은 항상 포퓰리즘의 타깃이 된다.

그렇다면 이러한 서민층은 얼마나 될까? OECD는 중위소득의 150% 이상을 고소득층, 중위소득의 50% 미만을 빈곤층으로 분류하고 있다. 이 기준으로 본다면 우리나라의 경우 월 151만 원에서 453만 원의 수입을 올리는 가정이 중산층이며 453만 원 이상 버는 가정은 고소득층, 150만 원 이하를 버는 가정은 빈곤층인 셈이다. 주로 서민은 이러한 중산층과 빈곤층을 함께 일컫는 말로 사용된다.

이런 서민층은 갈수록 두터워지고 있다. 2011년 2분기 전국 1620만 가구 가운데 빈곤층은 23.1%인 374만 6000가구로 2006년보다

1.4%포인트 늘어난 반면 고소득층은 24.5%로 5년 전보다 1.1%포인트 줄었다. 주목할 점은 중위소득 50~75%, 즉 빈곤층으로 떨어질 위험이 큰 가구인 한계중산층이 큰 폭으로 줄었다는 것이다. 그것은 빈곤층으로 떨어진 한계중산층이 많기 때문이다.

빈곤층과 한계중산층은 현재 자신들의 소득에 '불평'하고, 소득 하위계층으로 떨어질까 봐 '불만족'하거나 '불안'해하는 '신3불不 계층'이다. 여기에 고소득층에서 바닥 부분에 있는 한계고소득층까지 합하면 불만 계층은 전체 가구 중 45%에 해당하는 729만 6000가구이며, 인구로는 전 국민(4589만 명) 중 35.2%에 해당하는 1622만 명에 달한다.[30] 대략 두 집 가운데 한 집이, 국민 3명 중 1명 이상이 경제적 분노계층인 셈이다. 이들은 빠른 속도로 늘어나 5년 전보다 83만 2000가구 늘어났다.

짧은 다리의 역습 – 중산층의 한계

2011년 9월 19일 첫 방송부터 두 자리 수 시청률을 기록하며 화제를 모은 MBC 시트콤 「하이킥3 – 짧은 다리의 역습」은 이러한 한계중산층의 모습을 실감나게 보여주고 있다. 몰락한 중산층의 모습을 그리겠다는 것이 연출자의 의도였다고 한다.

시트콤 속 주인공들은 대부분 중산층에 속해 있다. 여기에 도시 빈곤층과 88만원 세대의 이야기, 애써 피하고 싶지만 피할 수 없는 보통 서민들의 애환을 현실적으로 표현했다.

「하이킥3」의 안내상은 한 가정의 가장으로서의 몰락을 너무나도 처절하게 경험한다. 한때는 특수효과 제작회사를 운영하며 남부럽지 않게 살았던 그였지만 이제 남은 것은 빚과 경제력 없는 아내와 아이들이 전부다. 더군다나 아이들은 가장 돈이 많이 들어가는 10대 학생이다. 그들은 건실한 사업가였던 아버지가 하루아침에 빚쟁이로 몰리자 자신들의 꿈을 포기하고 답답한 생활을 이어간다.

그들 주변에 있는 20대들의 처지도 별반 다르지 않다. 고시생 영욱은 노량진 고시원에서 9년 동안 9급 공무원을 준비하고 있고, 대학을 휴학한 진희는 학자금 대출받은 학자금을 갚느라 각종 알바를 하며 취직을 하기 위해 고군분투한다. 시트콤 안에는 보통 서민들이면 겪을 수 있는 가혹한 일상이 종합선물세트 형식으로 골고루 포진되어 있다.

대한민국 경제의 허리였던 중산층이 몰락해 서민, 빈곤층으로 떨어지는 상황에서 「하이킥3」이 시트콤 역사상 처음으로 몰락한 중산층을 주인공으로 내세운 것은 어쩌면 당연한 설정일지도 모른다.

드라마를 보는 순간순간 웃음이 나오지만 씁쓸한 여운이 짙게 남는 것은 '짧은 다리'로 현실을 넘어보려고 애쓰지만 항상 벽에 부딪히는 드라마 속 인물들의 모습이 바로 우리 서민들이 살아가는 모습이기 때문일 것이다.

재탕에 삼탕,
그래도 약발은 먹혀

2012년 선거를 앞두고 기존의 선거공약들이 재탕·삼탕되고 있다. 포퓰리스트들이 기존에 형성된 여론을 자신들에게 유리한 쪽으로 이용하기 위해서다. 2010년 지방선거에서 논란이 됐던 민주당의 무상급식정책을 두고 한나라당은 재정문제를 고려하지 않은 '외상급식'이라며 미래 세대들을 빚더미로 내모는 결과를 초래할 것이라고 비판한 바 있다. 최근 민주당이 내놓은 '보편적 복지' 주장에 대해서도 한나라당은 국가재정을 위태롭게 한다고 비난했다.

그러나 '반값아파트', '반값등록금' 등 대표적인 포퓰리즘 정책은 한나라당 17대 국회의원들로부터 나왔다. 그리고 18대 국회에서 이러한 포퓰리즘 정책을 재탕하고 있는 양상이나. 실제로 민주당과 한나라당의 정책은 수치상의 차이, 즉 무상보육을 하위 70%를 대상으로 하느냐, 국민 100%를 대상으로 하느냐는 차이만 있을 뿐 내용은 비슷하다. 이는 한나라당이 민주당과 민주노동당의 포퓰리즘적 주장을 상당

부분 정책에 반영했기 때문에 생긴 결과이다. 전세가 상한제와 등록금 상한제는 민주당이 선거 때마다 내놓던 공약이다. 이를 최근에 한나라당이 받아들인 것이며, 무상보육은 민주노동당이 무상의료와 함께 주장해 온 복지정책이다.

지난 2008년 4·9총선에서도 공약들이 재탕·삼탕되었다. 한나라당은 유가·통신비·고속도로 통행료·사교육비·보육료·약값 등 6대 생활비를 절감하는 등 민생경제 안정대책을 포함한 총선공약 250개를 발표했다. 경제살리기와 일자리 창출을 위해 높은 경제성장률을 유지하면서 서민·소외층까지 아우르는 '성장과 분배'를 동시에 추구하겠다는 내용이었다. 하지만 기업투자 의욕을 불어넣기 위해 규제 존속기간을 정하는 '규제일몰제'와 규제심사시스템 도입, 출자총액 제한제 폐지, 법인세 인하, 계층할당제 등은 직전 월에 인수위에서 발표했던 것들이다. 핵심공약이라고 밝힌 대입 3단계 자율화를 비롯해 학생선발 자율화, 마이스터고 설립, 해외인턴 3만 명·해외취업 5만 명 육성 방안 등도 지난 대선 당시 이명박 후보가 제시했던 공약들이다.[31]

이에 앞서 통합민주당은 유류세 10% 추가인하 등 물가안정대책을 포함해 30대 주요정책 및 300대 분야별 정책을 발표한 바 있다. 민주당은 정부의 대운하 건설을 반대한다는 내용의 '한반도 5대 철도망' 개설을 제1공약으로 내걸었다. 철도를 건설해서 인천과 속초, 부산과 목포, 서울과 평양 등을 연결하겠다는 것인데 운하보다 편리하고 경제적·친환경적이라는 점을 강조했다. 그러나 이는 지난 대선 당시 정동영 후보의 공약이었다. 정책에 무관심한 유권자들의 관심을 먼저 끌기 위한 정당들의 선심성 공약재탕 경쟁은 2012년 선거에서도 그대로 이어질 것으로 보인다.

선거철에만 나타나 서민행세를 하는 포퓰리스트들은 앞장서서 세금반대운동을 펼친다. 세금을 거둘 수밖에 없다는 것을 잘 알면서도 그 사실을 애써 감추려 한다. 이들은 복지가면을 쓰고 온 국민을 위해 복지를 펼치겠다고 주장하지만 투표권이 없는 세대에는 결코 복지를 나눠주려 하지 않는다. 모든 현안에 대해 명쾌한 답변을 제시하지만 그 답변이 현실에 맞지 않아 흐지부지되는 경우가 많다. 그들은 언제나 명쾌한 해답을 갖고 있지만 해답을 풀어가는 해법은 가지고 있지 않다.

PART 7

포퓰리스트의
가면을 벗겨라

단순 정치를 펴는가

포퓰리스트들은 직설적으로 말한다. 그들은 지배계층이 사용하는 이데올로기가 담긴 어렵고 복잡한 말들을 비판하며 보통 사람들이 쓰는 말을 의도적으로 흉내 낸다. 실제로 미국의 인민당 포퓰리스트들은 옥수수 경작농민이 사용하는 '평이한 언어'와 금융자본가들의 '세련된 언어'를 비교하면서 의식적으로 서민적인 말투를 사용했다.

미국 앨라배마 주지사를 4차례나 지낸 월리스Wallace가 히피족을 향해 '너희 쓰레기 같은 인간들이 아직 기저귀를 차고 있을 때' 운운하며 반대파에 대해 '차로 쓸어버리겠다.'는 식의 막말을 했던 것도 표층과의 동지적 유대감을 과시하기 위해서였다.

아르헨티나의 페론은 일부러 막노동하는 사람들이 쓰는 거친 말을 구사함으로써 그들로부터 친밀감을 끌어냈다. 일본의 고이즈미 역시 관료나 정치인들이 쓰는 상투적인 말 대신 일상 서민의 말투를 곧잘 썼다.

　그들의 정치적인 관점이나 문제를 해결하는 방법도 단순 명쾌하다. 그들에게 있어 복잡한 것은 잘못된 것이다. 그들은 이분법적 세계관과 단순정치를 조합해 정치적 현안에 대한 담론 자체를 찬성과 반대로 양극화시킨다. 예를 들어 세금의 경우 포퓰리스트들의 관점에서 보면 생산현장에서 땀 흘리는 시민들의 돈을 빼앗아가기 위한 하나의 수단이다. 그래서 그들은 곧잘 세금반대운동을 전개한다. 현실적으로 세금을 거둘 수밖에 없다는 것을 알면서도 그것에 대해서는 입을 다문다. 논리적으로 도전해 오면 대응 자체를 하지 않는다. 유럽의 포퓰리스트들은 새로운 이민을 금지하고 이미 입국한 이민자들은 유럽문화에 적응 또는 동화시켜야 한다고 주장한다. 이때도 이민을 받지 않을 수 없는 정치적·경제적 현실은 의도적으로 외면한다.

　무상복지에 들어가는 재정은 1년에 최하 60조 원이 넘는다. 포퓰리스트들은 세금 없이는 실행 불가능한 일이라는 것을 알지만 그렇다고 세금을 내라고도 하지 않는다. 굳이 그런 말을 할 필요가 없기 때문이다. 정권을 차지한 후 집집마다 새로운 항목의 세금고지서를 발송하면 그만인 것이다. 그들이 새롭게 만들어낼 수 있는 세금항목은 굳이 복지가 아니라도 수천 가지에 이른다. 무상복지가 세금복지일 수밖에 없는 이유가 바로 여기에 있다.

계층 분열을 조장하는가

포퓰리스트들이 세상을 바라보는 관점은 이분법 하나다. 그들에게는 정치세계에 존재하는 사람들은 모두 동지 아니면 적일 뿐이다. 중간은 없다. 내가 이익을 보면 상대방은 손해를 본다.

그들에게 대중은 정치적 기반을 확보할 수 있는 매우 중요한 동지가 된다. 그래서 대중에게 일차적인 중요성을 부여하고, 이들을 천사 같은 존재로 미화하는 한편 이들을 억압하는 지배계층은 상종할 수 없는 악질로 규정해 버린다.

그들은 복잡한 정치적 이슈조차 단순 명쾌하게 이분화한다. 정치세계를 적대적인 두 부류로 나누듯이 모든 정치 담론을 자신들이 찬성하는 것과 반대하는 것, 좋은 것과 나쁜 것, 옳은 것과 그른 것으로 대입시켜 가름으로써 자신들의 전선을 명확히 하는 것이다.

미국의 경우 포퓰리즘이 태동한 19세기 말부터 줄곧 대다수 생산자들의 극소수 엘리트계층에 대한 불만과 적대감이 포퓰리스트 운동의 기본 동력이 되어왔다. 여기서 생산자란 소농, 육체노동자, 영세가게 주인, 가난한 고객을 위해 봉사하는 전문직 종사자 등 항상 부를 만들어내고 핵심서비스를 담당하지만 사회적 부담을 감수하는 계급이다. 웬만한 보통 사람은 다 그 안에 들어간다.

이들 생산자와 대칭되는 곳에 지배 엘리트들이 있다. 미국의 초기 포퓰리스트들은 '도박꾼, 주류 판매업자, 은행가, 주식 거간꾼, 법률가' 등 5개 직종 종사자들은 무위도식하는 존재라는 이유에서 생산자 안에 포함시키지 않았다. 이들의 관점에서 생산자는 사회에 필요한 일을 하는 사람들이지만 엘리트는 무용지물이었다.

미국 포퓰리스트들은 비민주적이고 자기 이익만을 쫓는 소수 엘리트들 때문에 풍요와 기회라는 아메리칸 드림은 간데없고 현실은 비참하기만 할 뿐이라고 주장한다. 대다수 생산자가 '기생충 같은' 극소수 엘리트에 의해 피해를 본다면서 전자의 적대감을 부추기는 것이 이들의 핵심전술이다.

지금에 와서도 상황은 별반 다르지 않다. 다수의 사람들은 지식사회의 낙오자, 근대화 과정의 패자로서 억눌린 삶을 살아야 한다.

뉴스에서는 매일 사회적 위기를 과장해서 보도하고 드라마는 대중의 불안감을 조장하며 기존의 사회적 제도를 냉소적인 시각으로 바라보도록 부추긴다. 현실은 고달프고 미래는 더욱 암담하다. 하지만 엘리트와 관료들은 대중의 불안에 무감각하다. 포퓰리스트들은 이러한 상황들이 만들어낸, 대중의 심리 속에 도사리고 있는 강력한 저항심에 불을 지피고 이를 이용해 정치적인 목적을 이루려 한다.

총선과 대선을 앞두고 있는 한국정치에서도 이러한 이분법으로 판을 쪼개는 담론이 넘쳐나고 있다. 진보와 보수, 우파와 좌파, 수구꼴통과 친북좌익, 통일과 반통일, 자본과 노동, 성장과 분배, 정규직과 비정규직, 부자와 서민 등 이분법적 구분 논리는 특히 선거철에 잘 먹힌다.

이분법을 주창하는 자들은 선전선동으로 먹고사는 정치인이다. 그들은 본능적으로 이분법적 흑백 나누기가 정치적 흥행을 거둘 수 있는 최고의 무기라는 사실을 잘 안다. 그들의 이분법은 세상을 위한 것이 아니다. 제 잇속을 챙기기 위해 세상을 어지럽히고 국민을 속이는 선동에 지나지 않는다.

법치주의를 무시하는가

민주주의는 법에 입각한 정치제도를 말한다. 규칙과 제도가 작동하지 않으면 민주주의는 살아남을 수 없다. 그런데 포퓰리즘은 한편으로는 인민주권을 내세우면서 민주주의의 실질화를 지향하지만 다른 한편으로는 대중의 힘을 앞세워 기존의 절차와 규범을 무시하고 파괴하려는 경향을 갖고 있다.

전통적인 헌법이론이 국민 다수의 의사를 최대한 반영하여 국가질서를 만들어나가는 민주주의와 중요한 가치들을 중심으로 합리적이고 안정적인 법질서를 형성하고 유지하는 법치주의의 조화에 초점을 맞추었다면 포퓰리즘은 오직 다수의 힘에만 의존하려는 경향을 보이는 것이다.

물론 다수가 올바른 판단과 결정을 내릴 경우 문제가 없겠지만 다수가 항상 옳은 것은 아니다. 그것은 이미 인류 역사를 통해 충분히 확인된 사실이다. 따라서 다수에 의해서도 침해되어서는 안 될 근본가치

가 있으며, 이를 함부로 침해할 경우 그 결정에 동참한 다수도 후회하
게 될 불행한 사태가 벌어질 수 있다는 점에 유의해야 한다.

헌법 119조 2항, 포퓰리스트의 '칼'로 전락

포퓰리스트들은 자신들의 목적에 맞게 법을 해석하는 일에 능숙하
다. 대중을 위한 정치를 펼치겠다면서 아이러니하게도 민주주주의의
근간인 법 자체를 뒤흔들고 있는 것이다.

앞 다투어 포퓰리즘 정책을 쏟아내는 정치권이 이제는 헌법 119조
를 들먹이고 있다. 일부 정치인들은 119조를 입에 달고 다닌다. 민주
당은 '부자증세' 관련 정책을 개발하는 당내 특별위원회의 이름을 아
예 '헌법 119조 경제민주화특별위원회'라고 지었다.

헌법 119조는 두 조항으로 되어 있다. 1항은 '대한민국의 경제질
서는 개인과 기업의 경제상의 자유와 창의를 존중함을 기본으로 한
다.'는 것이며 2항은 '국가는 균형 있는 국민경제의 성장 및 안정과
적정한 소득의 분배를 유지하고, 시장의 지배와 경제력의 남용을 방지
하며, 경제주체간의 조화를 통한 경제의 민주화를 위하여 경제에 관한
규제와 조정을 할 수 있다.'는 것이다.

2항은 경제활동의 자유와 창의를 존중한다는 1항을 훼손하지 않
는 범위에서 예외적이고 보충적으로 적용되는 게 옳다. 국가안보 등
필요한 경우에만 국민의 자유를 제한할 수 있고, 제한하더라도 자유와
권리의 본질은 침해할 수 없다는 헌법 37조 2항과 연계해 생각하면 그

다지 해석이 어렵지 않다.[32]

그러나 국내 포퓰리스트들은 경제자유를 중시하는 1항은 무시하고 국가가 경제에 간섭할 수 있도록 문을 열어준 2항만을 줄곧 강조한다. 그들은 2항의 내용을 헌법정신이라고 규정하고 이를 중심으로 정부규제와 국가만능을 추구하려 한다.

자생적으로 형성되는 시장결과에 개입해 이를 바꾸려는 정부간섭은 시장경제의 자유로운 발전을 가로막고 열린 경제를 폐쇄된 경제로 만들게 된다. 이는 또한 법치주의에 대한 정면도전으로도 볼 수 있다. '대한민국은 민주공화국'이라는 테두리 안에서 법 조항을 적용하지 않고 단지 서민 표를 얻기 위해 경제와 재계에 간섭하며 재계를 '악'으로 규정하기 위한 하나의 도구로 활용하고 있는 것이다.

개인이나 기업이 상대의 자유를 침해하지 않고 경제활동을 하고 있음에도 불구하고 정부는 시시때때로 이들의 활동에 정치적 목적을 가지고 개입하고 있다. 이러한 개입은 치명적인 결과를 낳는다. 개인과 기업의 자유가 여지없이 무너지고 기업가 정신은 소멸된다. 투자의욕은 감퇴되고 경제활력도 떨어지게 된다. 민생은 더욱 피폐해지고 정부의 복지지출에 의지해 살아가는 계층만 늘어날 뿐이다. 사회계층 간 갈등은 커져만 가고 공동체의식은 찾아볼 수 없게 된다. 그러나 정치권은 이러한 사회적 갈등에 대해 책임을 지지는 않는다. 그들이 원하는 것은 오직 표를 얻는 것뿐이다.

정치 포퓰리스트들이 2항을 중시하는 이유는 안타깝게도 경제자

유를 부정적으로 보고 있기 때문이다. 그러나 정치가 경제에 짓밟히지 않을 때 1인당 국민소득도 높아지고 빈곤층 문제도 더 잘 해결된다. 자유롭게 활동할 수 있는 사회가 돼야 시민들이 책임의식도 높아지고 도덕도 형성되고 공동체 정신도 투철해진다.

1960년대에는 국민 1인당 소득이 100달러도 채 안 되었다. 그 메마른 경제를 2만 달러의 풍요로운 경제로 이끌 수 있었던 것도 1항에 담겨 있는 경제자유 때문이다. 기업과 개인들이 창의적이고 진취적인 노력으로 재산을 키우고 기업을 일굴 수 있었던 것은 바로 경제자유가 제도적으로 뒷받침되었기 때문이다. 정부 주도로 한국경제가 발전했다는 포퓰리스트들의 생각은 착각이다. 시장경제의 발전으로 민주주의도 가능해졌다는 것을 그들은 인정해야 한다. 119조 2항이 경제를 간섭하고 서민 표를 얻는, 재계를 압박하기 위한 수단으로 포퓰리스트들에게 오용되는 것을 막아야 한다.

'조자룡趙子龍이 헌 칼(창) 쓰듯 한다.'는 속담이 있다. 돈이나 물건을 헤프게 쓰는 경우를 이르는 말이다. 조자룡은 유비劉備의 아들 아두阿斗를 구하기 위해 100만 대군 사이를 헤집고 다니며 날이 다 빠지도록 칼을 휘둘렀다. 목숨을 걸고 주군에게 충성을 다한 것이다. 그러나 헌법을 포퓰리즘의 무기로 삼아 재계와 국민을 향해 마구 휘두르는 정치인들에게서 나라와 국민에 대한 충성심은 보이지 않는다. 그들이 칼을 휘둘러 지키고자 하는 것은 국민도 아니요 나라도 아니다. 오직 한 치 욕심거리도 안 되는 정치적 권력일 뿐이다.

재정확보 능력이 되는가

포퓰리스트들은 재원마련은 아예 뒷전이거나 급조된 재원마련방안을 들고 나오는 경우가 많다. 공약이 급조되면 그에 따른 재정확보방안도 허술하기 마련인데 재정확보방안이 제대로 갖춰지지 않으면 기존의 세수구조가 뒤흔들리는 등 국가재정에 상당한 악영향을 끼칠 수 있다. 이런 점에서 증세 없는 무상복지의 재원을 마련할 수 있는 가능성이 있는지에 대해서 충분히 검토해 봐야 한다.

민주당은 '3+1복지' 정책을 내놓으며 재정·복지·세제개혁으로 2013년부터 5년간 한 해 평균 33조 원의 복지재원을 마련하겠다고 밝혔다. 그중 17조 원은 '3+1복지' 정책에 쓰고 나머지는 취약계층 지원과 일자리·주거복지에 활용한다는 계획이다. 세출 구조조정을 단행하고 왜곡된 조세체계를 바로잡으면 세금을 신설하거나 국채를 발행하지 않고서도 그만한 재원을 마련할 수 있다는 것이다.

무상의료 비용을 비롯해 소요되는 재정규모가 정부부처의 추정금

액보다 현저히 낮게 책정되었다는 것도 우려스럽지만 더 걱정되는 것은 재원조달방안이 구체적이지 못하고 현실성이 부족하다는 점이다. 민주당은 '써야 할 돈은 어디서 얼마를 마련하면 된다.'는 식의 불분명하고 현실성이 부족한 말만 늘어놓고 있다.

재정개혁을 통해 해마다 총지출 금액에서 3.5%씩 절감하면 연평균 12조 원 이상의 복지재원을 마련할 수 있다는 셈법부터가 잘못된 것이다. 낭비성 지출이나 집행부진 사업이 해마다 똑같이 반복 발생하지 않는 한 계속해서 이 정도의 돈을 절감할 수 있을 것으로 보기는 매우 어렵다. '산업 지원예산을 5%만 줄여도…' 라거나 '복지전달체계 개혁으로 한 해 5%만 지출을 줄여도…' 라는 식의 가정은 희망사항에 지나지 않는다. [33]

투자사업이나 복지혜택을 줄이는 것과 낭비를 줄이는 것 사이의 구분도 모호하다. 소득세 최고세율 인하와 법인세 추가감세를 철회하고, 장내 파생상품 거래에 세금을 매기고, 비과세·감면을 점진적으로 줄여나감으로써 한 해 14조 원 넘게 더 거둘 수 있을지도 불투명하다. 진정으로 '3+3복지'를 실현하려면 재원조달방안도 그만큼 확실하게 마련해야 한다. 작년 19.3%였던 조세부담률을 2017년 21.5%로 높이려면 보다 치밀하고 현실적인 세수확대방안이 제시되어야 한다. 구체적인 방안이 없다면 차라리 '복지확대를 위해서는 세금을 늘려야 한다.'는 말로 국민들을 설득하는 편이 더 나을 것이다.

먹이냐? 미끼냐?

어느 바닷가에 한 아이가 살고 있었다.

그 아이는 갈매기를 무척이나 좋아했다. 매일 아침 바닷가로 나가 수백 마리씩 떼 지어 나는 갈매기와 더불어 노는 것이 그 아이의 가장 큰 즐거움이었다.

어느 날 병든 아버지가 아이에게 말했다.

"애야, 갈매기들이 너를 무척 따른다고? 내일 아침 바닷가에 나가거든 한 마리만 잡아 오너라. 집 안에 틀어박혀 있으려니 도무지 무료해서 원, 심심풀이 노리개로 삼아야겠다."

이튿날 아이는 아버지가 이른 대로 갈매기를 잡으러 바닷가로 나갔다. 하지만 무슨 영문인지 이제 갈매기는 아이 근처에는 얼씬도 하지 않았다. 너풀너풀 춤추며 허공을 맴돌 뿐 끝내 한 놈도 내려앉지 않았다.

미끼를 던져주는 것, 그것은 목적을 위해 하나를 줌으로써 더 큰 하나를 얻으려는 계산된 행위이다. 새들도 그것을 안다. 하물며 어린애 다루 듯 솜사탕 하나 쥐어주고 표를 독차지하려는 복지주창자들의 속셈을 어찌 국민들이 모르겠는가.

세계경제가 결국 포퓰리즘 앞에 무릎을 꿇었다. 포퓰리즘은 과잉복지로 재정위기를 초래한 그리스를 몰락시켰다. 세계 10대 부국으로 명성을 날리던 아르헨티나를 슬럼가로 만들었으며 경제대국 일본을 적자대국으로 전락시켰다. 포퓰리즘은 기회의 땅 미국마저 부도위기로 내몰고 있다.

PART 8

포퓰리즘에
무릎 꿇은 세계경제

포퓰리즘이 낳은
유럽의 재정위기

2011년 유럽 재정위기가 국내증시뿐만 아니라 세계증시도 뒤흔들었다. 이를 단순히 경제문제라고 보는 이들은 그다지 많지 않다. 정치 포퓰리즘이 키운 재정악화가 만천하에 공개되면서 시작된 일이었기 때문이다.

그리스가 공식적으로 EU와 IMF에 구제금융을 요청한 것이 2010년 4월이다. 5월 2일 그리스는 3년간 유로존(유로화 사용 17개국)과 IMF로부터 1100억 유로를 지원받기로 했다.

EU는 그리스에 1100억 유로 규모의 구제금융을 지원하기로 결정한 뒤 향후 회원국들의 재정적자에 따른 부도를 막기 위해 4400억 유로를 출연해 IMF와 함께 7500억 유로의 안정기금을 마련하기도 했다. 유럽에 재정위기가 발생한 지 1년 반이나 지났지만 상황은 여전히 진행형이다.

문제는 여기서 끝나지 않았다. 2011년 2월 포르투갈의 1년 만기 국채금리가 뛰면서 그리스만의 문제로 여겼던 재정위기가 점차 유럽으로 확산되었다. 이른바 피그스PIIGS(포르투갈·이탈리아·아일랜드·그리스·스페인 등 남유럽 5개국) 국가 한 나라의 위기가 전체 국가들의 위기로 번지는 '전염효과'를 확인하게 된 것이다. 과다 복지지출로 재정위기를 맞은 이들 피그스 국가들은 서둘러 강도 높은 긴축재정정책을 마련하기에 이르렀다.

그리스, 과잉복지로 몰락

　　2001년 유로존에 가입한 그리스는 해외자본을 끌어들이고 대규모로 지역을 개발함으로써 고속성장을 이어갔다. 2004~2008년 연평균 성장률은 유럽에서 가장 높은 수치인 3.8%에 달했다. 하지만 양대 정당인 파속당과 신민주당이 선거를 치를 때마다 정권을 잡기 위해 포퓰리즘 정책을 마구 쏟아내면서 경제위기가 닥쳤다. 2009년 경제성장률은 -2%를 기록했고 2010년에는 -4.5%로 더 나빠졌다.

재정·연금 축소에 성난 젊은 층, 거리폭동으로 분노 표출

　　그리스 포퓰리즘의 폐해를 단적으로 보여주는 예가 바로 의료복지와 연금이다. 재정위기 이전 그리스는 60세 이전의 은퇴자에게 퇴직 전 5년간 월급의 80%를 연금으로 주었는데 연금보험료는 월급의 25% 미만을 내면 되었다. 독일에서 월급의 42%를 연금보험료로 내고 평생 월급의 45%를 연금으로 받는 데 비하면 지상천국이나 다름없는 셈이었다.

구제금융을 신청한 국가들은 재정적자 감축목표를 정하고 이어 연금개혁을 실시했다. 정부 긴축안은 공무원을 줄이고 세금을 더 걷고 연금을 깎겠다는 내용이다. IMF과 EU로부터 약속받은 구제금융을 계속 지원받기 위한 고육책이었다.

정부의 연금과 복지혜택의 축소는 곧바로 거리시위와 폭동으로 이어졌다. 그리스의 수도 아테네에서는 수만 명이 격렬한 반정부시위를 벌였다. 시위대가 던진 화염병에 맞아 경찰경비초소 등이 불탔다. 국회의사당 주변은 시가전이 벌어지는 것처럼 보일 정도였다. 정부청사, 학교, 병원, 은행 등이 모두 문을 닫고 아테네 국제공항의 항공편이 속속 취소되기도 했다. 외국인 관광객은 관광지에 들어가지도 못했고 청소노조 파업으로 도시는 20여 일이나 쓰레기 대란을 겪었다.[34]

시위는 양상과 성격이 갖가지지만 그 중심에는 '미래에 대한 꿈과 희망'을 잃은 채 방황하는 젊은 층이 있었다. 유로존 15~24세 청년 5명 중 1명이 실업상태(실업률 20.3%)다. 특히 스페인과 그리스의 경우 청년실업률은 각각 45.7%와 38.5%로 고용상태가 좋은 네덜란드(7.1%)나 오스트리아(8.2%)의 5~6배에 이른다.

줄지 않는 국채, 희망 잃은 국민

나라 전체 노동력의 4분의 1에 달하는 공공부문이 재정적자의 주범으로 지목되면서 모든 공무원의 급여가 2010년 초 이래 약 20% 삭감됐다. 정부가 2015년까지 공공부문 인력 100만 명 중 20만 명을 줄이겠다는 계획을 실행에 옮기면 해고와의 전쟁이 시작되는 것이다.

민간부문도 사정은 마찬가지다. 그리스 경제는 2011년까지 3년 연속 마이너스 성장을 지속할 것으로 예측되고 있다. 사람들이 많은 오가는 곳인데도 문을 닫는 상점들이 늘어나는 것을 보면 그리스의 경기침체가 얼마나 심각한지 알 수 있다.

그러나 더욱 심각한 문제는 정부가 발표한 '중기재정계획'을 보면 아무리 재정긴축을 지속해도 국내총생산GDP 대비 1.5배에 달하는 정부 빚이 좀처럼 줄어들 것 같지 않다는 데 있다. 바로 그 점이 그리스 국민의 희망을 앗아가고 있다.

영국, 화려한 버킹엄 궁 뒤의
초라한 현실

산업혁명의 나라 영국은 한때 세계에서 가장 부강한 국가였다. 하지만 이제는 과잉 포퓰리즘으로 인한 재정적자와 2008년 글로벌 신용위기에서 비롯된 금융산업의 붕괴로 내리막길을 걷고 있다.

노동당, '요람에서 무덤까지' 구호로 압승

영국에서 1945년 전후에 벌어졌던 상황은 복지논쟁이 한창인 2011년 한국사회에 시사하는 바가 크다. 제2차 세계대전의 와중에 영국의 정치지도자들은 국민들의 사기를 끌어올리기 위해 종전 후 사회에 대한 비전을 제시하려 했고, 전시 연립내각인 처칠Churchill 행정부는 1941년 이를 위한 위원회들을 구성했다. 윌리엄 베버리지William Beveridge는 그러한 위원회 가운데 하나인 '사회보험 및 관련 서비스에 관한 조사위원회' 위원장이었다. 베버리지가 1년여의 활동을 거쳐 1942년 12월에 출판한 보고서는 선풍적인 인기를 끌었다. 정부 간행물센터 앞에는 보고서를 사려는 사람들이 1마일이나 줄을 서 있었다고 한다.

정식 명칭이 『사회보험 및 관련 서비스_{Social Insurance and Allied Services}』
인 베버리지보고서는 부모 소득과 관계없이 아동이 성장할 수 있도록
돕는 아동수당, 누구나 자유롭게 치료를 받는 무료 의료시스템, 원하
는 사람은 누구나 일할 수 있게 하는 노동정책을 제시하고, 이를 통해
'요람에서 무덤까지' 모든 국민에게 일정한 생활수준, 즉 국민 최저선
national minimum을 보장할 것을 제안했다.

최근 한국에서 논란이 되고 있는 무상보육, 무상의료는 물론 취업
까지 보장해 줄 것 같은 희망을 주었으니 전쟁의 참화를 겪고 있던 영
국 국민들은 당연히 환호했을 것이다. 그러나 현실은 독일과의 전쟁에
도 악전고투하고 있던 상황이어서 전시내각은 종전 이후로 실행을 미
루자고 했다. 하지만 영국 국민의 폭발적인 기대를 저버릴 수는 없었
다. 야당인 노동당이 앞장섰고, 사회보험부 신설 및 아동수당 제공을
위한 2개의 법은 전쟁이 끝나기도 전에 제정됐다.

1945년 5월 7일 독일이 항복함에 따라 영국은 전시의회를 해산하
고 7월 5일 총선거를 실시했다. 선거의 최대 쟁점은 전후 발전방향이
아니라 베버리지보고서의 내용을 실현할 수 있느냐는 것이었다. 제1
당이넌 보수당은 엄청난 재원이 필요하며, 전후 복구에 막대한 사금이
필요한 상황에서 복지확대는 국가 백년대계에 어긋난다는 것을 알았
지만 차마 반대할 수는 없어서 어정쩡하게 보고서 내용 실현을 공약
했다. 그러나 노동당은 적극적 실천과 대대적 복지확대를 내세웠다.

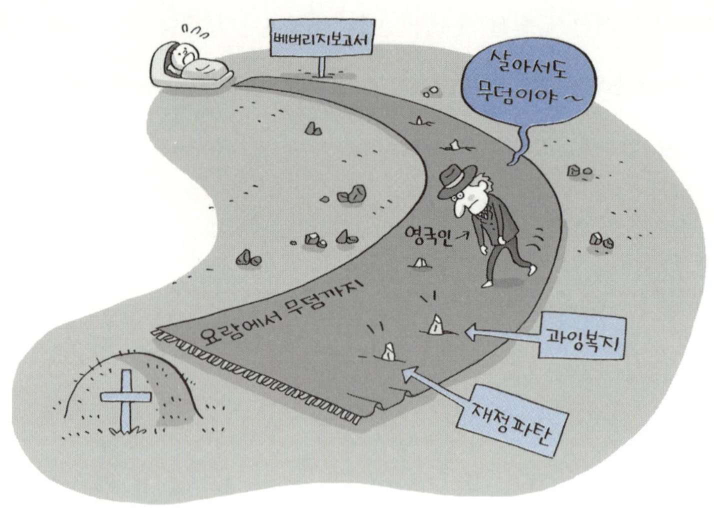

선거 결과 제2차 세계대전 승리의 주역인 처칠 총리가 참패하고 말았
다. 그는 종전 두 달 만에 그때까지 단독집권 경험이 없었던 노동당에
정권을 내주었다.

여전히 말다툼을 벌이고 있는 여야

영국 정치권은 여전히 과잉 포퓰리즘과 2008년 글로벌 금융위기
에서 비롯된 경기침체를 해결하는 방안을 놓고 말다툼을 벌이고 있다.
야당인 노동당은 증세가 아닌 감세를 통해 기업들의 설비투자를 늘리
고, 일자리도 만들어내야 한다고 목소리를 높이고 있다. 이것이 이른
바 '플랜 B'다.

이에 대해 집권여당인 보수당은 'TINA(There Is No Alternative)'로 맞대응하고 있다. '더 이상 대안은 없다.'는 뜻으로 과잉 포퓰리즘의 부산물인 막대한 재정적자와 국가부채를 줄이기 위해서는 재정긴축과 증세 이외에 다른 방도가 없다는 것을 강조한 표현이다.[35]

보수당은 부가가치세를 20%까지 올렸고 법인세도 26%까지 상향 조정했다. 정권을 잡으면 노동당은 부가가치세를 내리고 보수당은 반대로 부가가치세를 올리는 일이 빈번하게 벌어지면서 국민들의 생활은 더욱 피폐해져갔다.

스페인, 살인적인 청년 실업률

10년 전만 해도 엄청난 경제성장을 이뤄 '풍요의 나라'로 인식되었던 스페인 역시 유로존의 경제위기로 예전의 모습을 잃어가고 있다. 수도 마드리드 거리에서는 구걸하는 걸인들을 심심찮게 볼 수 있다. 집이 없어 길에서 자는 사람들도 많다. 마드리드의 솔 광장에서는 시도 때도 없이 대규모 집회가 열리고 대학교에서도 등록금 투쟁시위와 청년실업을 규탄하는 시위가 계속되고 있다.

지금까지 사회노동당은 장기적인 복지구상을 세우기보다는 사람들에게 일자리를 나누어주겠다며 마을마다 불필요한 공사들을 진행하는 일에 물 쓰듯이 재정을 써왔다. 처음에는 좋아보였지만 갑자기 세계경제가 위기에 빠지자 건설 붐은 사그라졌고 정부는 보조금 지급을 중단했다.

사회노동당의 호세 사파테로Jose Zapatero 총리 정부는 이미 2010년 5월부터 재정적자를 줄이기 위해 긴축정책을 도입했지만, 고 실업률과 물가상승의 직접적인 피해자들인 중산층 이하 서민들의 고통은 더해가고 있다.

2011년 스페인의 가계부채는 10년 만에 3배로 뛰었으며, 저소득층은 소득 중 부채비율이 125%에 달했다. 스페인 GDP의 16%, 구직자의 12%를 창출했던 부동산 관련업도 2010년 이후 거품이 걷히면서 서민층의 삶의 질을 떨어뜨리고 있다.

스페인 경제위기에서 가장 심각한 문제는 살인적인 청년실업률이다. 청년(18~30세)실업률은 무려 45%에 이른다. 당장 먹고살아야 하기 때문에 임시직이건 정규직이건 가릴 형편이 아니다.

이제 대부분의 스페인 젊은이들은 나라를 거덜 낸 사회노동당의 포퓰리즘에 대해 분노하고 있다. 그동안 받기만 했던 탓에 '왜 더 안 주냐'는 불평만 늘고 있다.

이탈리아,
빈곤계층 전체 가정의 11%

최근 S&P와 무디스, 피치 등 세계 3대 신용평가사로부터 국가 신용등급 강등의 수모를 당한 이탈리아도 사정은 비슷하다.

이탈리아 통계청에 따르면 월수입 992 유로(약 149만 원) 이하의 빈곤계층이 전체 가정의 11%에 달한다. 전반적인 가계 경제상황은 최근 3년간 지속적으로 나빠졌다.

정부가 새로 마련한 재정감축안은 부가가치세 세율을 20%에서 21%로 인상하고, 민간부문 여성 근로자의 은퇴연령을 65세로 늘리는 등의 내용을 담고 있어서 서민들의 지갑은 더욱 얇아질 것으로 보인다. 30%에 달하는 청년실업률은 떨어질 낌새를 보이지 않고 있고, 이에 따라 고등교육을 받은 젊은 인력이 해외로 나가는 현상도 가속화될 것으로 보인다.

이탈리아에서 포퓰리즘이 어떻게 전개되었는가는 총리인 베를루스코니의 정치행태를 보면 알 수 있다. 1937년 부유한 은행원 집안에서 태어나 아파트 건설업으로 부를 쌓은 그는 프로축구단 ‘AC밀란’을 보유하고 있는 이탈리아 최대의 재벌이다. 2000년 「포브스」지가 집계한 개인 자산순위에서 120억 달러로 세계 14위에 오르기도 했다.

베를루스코니는 1990년대 초반 기독교민주당이 무너지자 ‘전진 이탈리아’라는 정당을 발전시켜 중도우파 유권자들을 끌어들였다. 이후 1994년에 국민연합AN, 북부리그LN 등과 전후 최초의 우파연정을 출범시키면서 총리에 올랐으나 연금개혁으로 연정이 무너지면서 7개월 만에 물러났다. 그는 1996년에 다시 총리직에 도전했지만 실패했고, 1998년에는 뇌물수수, 불법 정치자금 운용, 탈세, 마피아 지원 등의 혐의로 2년 9개월의 징역형을 선고받았다. 그러나 판결이 확정되기까지는 10년이 걸린다는 점을 이용해 2001년 5월 총선에서 우파연합을 이끌고 이전과 정반대의 정책을 내세워 두 번째 총리직에 오르는 데 성공했다. 가난한 남부지역에는 복지확대를, 부자 동네인 북부지역에는 감세를 약속한 것이다.

하지만 세금은 덜 걷고 복지를 늘릴 수 있는 방법은 단 하나, 빚을 얻는 것밖에 없었다. 2010년 말 현재 이탈리아의 부채규모는 1조 9000억 유로로 GDP 대비 120%에 이른다. 그가 정권을 잡을 당시엔 103%에 지나지 않았다. 반면에 2001년부터 10년간 경제성장률은 평균 0.2%로 유로존 평균 1.1%에 비해 현저히 낮다.

재정이 튼튼하지 못한 상태에서 높은 수준의 복지를 제공하려니 힘에 부칠 수밖에 없었다. 나라 빚을 감당하지 못하게 된 베를루스코니 총리는 결국 '긴축'이라는 카드를 꺼냈다. 공무원 숫자와 복지혜택을 단계적으로 줄이기로 한 것이다.

노정勞政유착으로 재정파탄

베를루스코니의 포퓰리즘은 노조정책에까지 반영되었고, 노조와 정치권이 손을 잡으면서 노동법에 따라 직원들을 새롭게 채용하기도, 해고하기도 어려워진 기업의 부담은 늘어났다. 이로 인해 기업의 경영환경이 악화되면서 이탈리아 최대 자동차기업 피아트가 생산기지를 해외로 옮기려는 움직임을 보이고 있다. 피아트의 최고경영자CEO 세르지오 마르치오네Sergio Marchionne는 한 언론과의 인터뷰에서 "피아트는 세계 30개국에서 181개 공장을 운영하고 있는데 이탈리아만큼 기업을 하기에 모순된 환경은 없다."는 불만을 털어놓기도 했다.

유럽 내의 다른 국가들도 베를루스코니를 못마땅하게 여겼다. 각종 성추문을 잇달아 쏟아내고, 긴축재정안 통과과정에서 스스로 지도력이 없다는 것을 드러내 보인 그에 대한 유럽 내의 반감은 갈수록 높아졌다. 국가를 운영할 수 있는 자질을 갖추려고 노력하기보다는 돈과 미디어, 쇼맨십을 동원해 국민들에게 인기를 얻는 데에만 급급했던 베를루스코니는 결국 금융위기에 빠진 이탈리아를 구할 수 있는 마땅한 대책을 내놓지 못한 채 사퇴하고 말았다.

아르헨티나,
세계 10대 부국에서 슬럼가로

아르헨티나의 수도 부에노스아이레스의 대통령궁 앞에서는 1년 내내 사람들이 시위를 벌인다. 정부는 2010년 12월 공원을 점거하고 시위를 벌인 1만 명에게 현금으로 바꿀 수 있는 쿠폰을 나눠주었는데, 대다수의 시민들이 이처럼 떼를 쓰면 정부가 돈을 준다는 생각을 갖고 있다.

한 노동자는 다니던 냉동창고 회사가 문을 닫았다며 정부에 200만 페소(50억 원)의 퇴직금을 대신 지급해 달라고 시위를 벌였다. 그는 언론과의 인터뷰에서 "사업주가 도망갔기 때문에 정부에서 우리 살길을 마련해 주는 것은 당연한 일이다. 크리스티나 페르난데스Cristina Fernandez 대통령은 기업인들을 억누르고 노동자 편을 들고 있다."고 말하기도 했다.[36]

페론 기조 이어받아 퍼주기식 정책 펼쳐

네스토르 키르치네르Nestor kirchne 전 대통령은 물론 그의 아내인 크리스티나 페르난데스 현 대통령도 페론의 정책을 이어받아 펼치고 있다. 페르난데스 대통령은 2008년 공공연금에 대한 국고지원이 60억 달러에 이르렀는데도 연금수령액을 50% 인상한 데 이어 2010년에도 26% 올렸다. 경기침체를 해결하기 위해 국가 내의 소비를 늘리겠다는 것이 연금을 인상한 이유였지만 '2008년 총선 이후 집권당의 지지율 하락을 만회하기 위한 정책'이라는 말이 끊이지 않고 나온다.

연금 이외의 각종 수당과 보조금 지급도 집권당이 만든 정책이다. 현재 실업자 가정에는 실업수당 외에도 자녀수에 따라 최대 1100페소(약 30만 8000원)의 자녀 양육수당을 주고, 저소득 가정에는 매월 200~380페소(약 6만 1000~10만 6000원)의 보조금을 준다. 무주택 가정에는 여기에 더해 매월 700페소(약 19만 6000원)의 집세 보조금을 준다. 페르난데스 대통령은 집세 보조금을 2011년부터 1200페소(약 33만 6000원)로 올려주기로 했다.

무분별한 복지, 세계 10위 국가를 슬럼가로

비옥한 땅과 1등급 농산품, 풍부한 천연자원 등을 갖춘 아르헨티나는 20세기 초만 해도 세계 10대 부국에 속했다. 하지만 이제는 빈민과 실업자들이 넘쳐나는 나라가 되었다. 고질적인 인플레이션으로 생활비가 치솟아 중산층도 살기 힘들다고 하소연한다.

아르헨티나가 부국의 자리에서 밀려난 원인 중 하나로 분배우선의 경제정책과 나눠주기식 복지지출을 꼽을 수 있다.[37) 복지지출로 재정 적자가 늘어나자 아르헨티나는 어쩔 수 없이 외국에서 돈을 빌려다 썼다. 엄청난 양의 곡물과 쇠고기를 수출했지만 정부 예산으로는 포퓰리즘 복지정책을 제대로 펼칠 수 없었다. 빚은 빠르게 불어났고, 아르헨티나는 결국 2001년 말에 950억 달러의 국채상환에 실패, 대외재무를 갚지 못하겠다며 모라토리엄(채무불이행)을 선언하고 말았다.

미국, 부도위기에 처한
기회의 땅

지금 미국은 사상 초유의 국가부도 위기에 직면해 있다. 세계 최강
국이라는 위상에 맞지 않게 채무불이행 상황에 처해 있는 것이다.
S&P도 1941년 설립 이래 처음으로 2011년 8월 5일 미국의 국가신용
등급을 AAA에서 AA+로 강등시켰다. 미 정부는 부채한도를 늘리기
위해 안간힘을 쓰고 있지만 재정적자, 실업, 경기침체는 심각한 수준
이다. 많은 경제 전문가들은 미국이 국가부도 위기를 맞이한 가장 큰
원인 중 하나가 무분별한 복지정책이라고 지적한다.

미국은 GDP 2만 달러를 넘어서자마자 예산의 약 15%에 해당하
는 막대한 금액을 복지예산에 지출해 왔다. 저소득 계층을 위한 식료
구매권 Food stamp, 저소득계층에 대한 각종 재정지원, 미혼모에 대한
재정적 지원, 저소득층에 대한 무상의료지원 등 각종 복지예산을 늘려
왔다. 그러나 이는 실제로 가난한 저소득층에게 도움을 주기보다는 그
들을 게으르게 만들었고, 복지혜택을 악용하는 사례도 늘어났다. 식료

구매권이 필요치 않는데도 받아서 현금을 받고 파는 일들이 벌어진 것이다.

소득불균형 르완다 수준

미국 인구통계국의 보고에 따르면 2010년 미 중간계층 가구의 연간 소득은 4만 9445달러(약 5500만 원)이다. 물가상승률을 감안할 때 1997년 수준으로 떨어진 것이다. 중산층의 소득이 이처럼 장기간 오르지 않은 것은 대공황 이후 처음이다.

사회적 소득불균형 정도를 보여주는 미국의 지니계수는 2009년 현재 0.468까지 올랐다. 지니계수는 최대 1에 가까울수록 양극화가 깊어진 사회를 뜻하는데 보통 0.4를 넘어서면 소득 불균형이 심각한 것으로 판단한다.

선진국 중에서 미국보다 지니계수가 높은 곳은 찾아보기 어렵다. 필리핀과 에콰도르, 르완다 등이 미국과 비슷한 수준이다.

미국에서는 점차 중산층(상·하위 소득자 20%를 뺀 60%, 연 소득 2만 5000~10만 달러 정도)이 모습을 감추고 있다. 그러는 동안 가난한 사람들과 돈 많은 사람들은 눈에 띄게 늘었다. 미 인구통계국 자료에 따르면 2010년 수입이 4인 가구 기준 최저생계비인 2만 2314달러(약 2,470만원)에 못 미치는 가구의 비율(빈곤율)이 15.1%로 2009년보다 0.8% 포인트 오른 것으로 나타났다. 1993년(15.1%) 이후 가장 높은 수치다. 미국의 빈곤율은 처음 조사가 시작된 1959년에는 22.4%에 달했으나 이후 계속 떨어져 2000년에는 11.3%까지 내려왔다. 그러나 최근 10년간 글로벌 금융위기 등의 영향으로 다시 오름세를 보이고 있다.

반면에 미국의 소득 상위 20% 계층은 전체 부의 84%를 차지하고 있고, 미국의 부호 400명이 하위 50% 가정보다 더 많은 소득을 올린 것으로 나타났다.

오랫동안 이어지는 불황과 9%대의 높은 실업률, 무너진 주택·주식가격 등으로 양극화가 뚜렷해지자 기업도 맞춤형 전략을 내놓고 있다. 그동안 공들여 왔던 중산층 소비자를 버리고 부유층 혹은 서민층을 타깃으로 한 상품을 집중 개발하고 있는 것이다.

세계 최대 소비재 생산업체인 프록터 앤드 갬블P&G은 설립된 지 38년 만에 처음으로 서민층을 겨냥한 특가세제를 내놓았고, 백화점 업체인 삭스는 부유층을 대상으로 최고급 의류와 액세서리 제품을 개발하는 데 열을 올리고 있다.[38] '모든 세대가 항상 더 나은 생활을 누릴 수 있는 나라'로 여겨졌던 미국에서 중산층의 생활환경이 1990년대보다 더 나빠지는 상황이 벌어지고 있는 것이다.

스웨덴, 복지원칙 포기

국내 포퓰리스트들은 '성장 없이도 배분이 가능하다. 한국의 GDP 대비 복지지출 비중 9%는 OECD 평균 20%의 절반에도 못 미친다. 스웨덴식 복지국가를 건설해 주겠다.'고 호언장담한다.

사실 북유럽 자본주의는 에너지와 제3세계의 천연자원, 노동력 착취 없이는 유지될 수 없다. 스웨덴 노동자들과 국민들의 높은 소득, 안락한 생활은 아시아와 아프리카 국민들의 고통을 담보로 하고 있는 것이다.

방글라데시는 세계에서 가장 가난한 나라지만 행복지수는 가장 높다. 반면에 스웨덴은 잘사는 나라로 알려져 있지만 청소년 자살률이 높다. 그 이유는 무엇일까. 우리는 이에 대해 깊이 고민해 봐야 한다.

스웨덴은 1991년까지 GDP의 20%에 달하는 금액을 복지지출에 쓰면서도 흑자재정을 유지해 왔다. 그러나 1990년대 초 국제 환투기

꾼들의 속임수로 심각한 금융위기를 겪으면서 1995년 스웨덴의 실업률은 13%대까지 올라갔다. 적극적인 노동시장정책이 더 이상 실업자들을 받아들일 수 없는 상황이 된 것이다.

그로 인해 복지 수혜층과 정부의 복지지출비가 빠르게 늘어났고, 결국 정부재정도 적자로 돌아섰다. 그러자 스웨덴의 좌파라고 할 수 있는 사회민주당 정권은 복지지출비를 삭감하기 시작했다. 1994년 이후 계속해서 복지지출비를 삭감해 온 스웨덴은 지금 기존의 복지국가 원칙을 버리고 완전고용 포기, 조세개혁 등 신자유주의를 받아들이려 하고 있다.

포퓰리즘이 부른 재정파탄, 전 세계 폭동 유발

최근 포퓰리즘으로 인해 재정위기를 겪고 있는 유럽국가와 미국에서 연이어 폭동이 일어나고 있다. 2011년 9월 17일 미국 맨해튼에서 젊은 층들이 중심이 되어 ‘월가를 점령하라 Occupy Wall Street’는 구호를 내걸고 시작한 시위가 한 달 만에 전 세계 82개국 1500개 도시로 퍼져 나갔다.[39)]

이보다 앞선 9월 14일 미국 각 지역에서는 시위대와 경찰이 맞부딪쳐 수십 명이 체포되는 등 긴장이 고조됐다. 이날 아침 콜로라도 주 덴버 시에서는 주 방위군이 시위대 캠프의 텐트를 철거하고 시위대를 강제로 해산시켰는데 이 과정에서 20여 명이 체포됐다.

뉴욕에서는 주코티 공원에서 시위를 벌이던 사람들이 경찰에 물병을 던졌다가 14명이 체포됐다. 시애틀에서도 시위대가 공원 내에 쳐 놓은 텐트를 걷으려는 경찰에 맞서면서 10명이 체포됐다. 뉴욕의 시위대는 JP모건체이스와 씨티은행 등에 들어갔다가 무단침입죄로 수십 명이 체포되기도 했다.

유럽지역은 시위규모가 더 컸고, 더욱 격렬했다.

이탈리아 수도 로마에서는 20만 명의 시위대가 거리를 행진하며 국방부 청사 별관과 도로변에 세워진 차량에 불을 질렀다. 도로변 은행 점포마다 돌을 던져 유리창을 깨기도 했다. 경찰이 최루탄과 물대포를 쏘아 진압하면서 최소한 70명이 다쳐서 병원으로 실려갔다. 시위대는 "우리는 재정위기의 대가를 치르지 않을 것이다.", "한 달에 최고 5000유로(796만 원)로 묶인 연금 상한선을 풀어야 한다."고 외쳤다. 재정위기로 인해 임금이 깎이거나 회사에서 잘리는 것은 물론 연금이 줄어드는 것도 받아들일 수 없다는 것이다.

유럽연합EU 의회가 있는 브뤼셀에는 유럽 각지에서 6000여 명의 시위대가 몰려들었고, 그중 일부가 최근 구제금융을 지원받게 된 덱시아 은행 본점에 들어가 시위를 벌였다.

뉴욕의 타임스스퀘어 광장과 런던의 증권거래소 앞, 시드니의 호주중앙은행 앞 등 각국 대도시의 금융 중심지에 몰려든 시위대는 하나같이 빈부격차와 줄어든 재정 때문에 생활이 힘들어졌다고 호소했다.

독일의 금융 중심지 프랑크푸르트에 있는 유럽중앙은행ECB 앞에도 8000여 명이 모여 세계 금융시스템의 부당함에 항의하는 시위를 벌였다. 이 소식을 들은 ECB 총재 마리오 드라기Mario Draghi는 청년들에겐 분노할 권리가 있다며 공감의 뜻을 나타내기도 했다.

월가시위에 참여한 시위대들의 직접적인 불만도 바로 긴축재정으

로 인해 벌어진 심각한 빈부격차에 있었다. 이를 대변하는 것이 '1%'와 '99%'라는 숫자다. 1%는 부자, 99%는 1%에서 소외된 시위대를 말한다. 실제로 미국 국세청 조사결과에 따르면 1993년부터 2008년 사이에 미국에서 발생한 소득의 52%를 상위 소득계층 1%가 가져갔다.

2012년 각국 선거 릴레이,
포퓰리즘 시험대

2012년에는 유로존에서만 대선을 치르는 곳이 10개국에 달한다. 주요 20개국 중에는 3월 러시아를 시작으로 멕시코(7월), 인도(7월), 미국(11월), 한국(12월), 터키(12월) 등에서 대선이 치러진다. 그중 한국, 미국, 프랑스, 멕시코, 슬로베니아 등은 총선도 함께 치룰 예정이어서 재정긴축 문제를 둘러싼 여야 간 대립은 더욱 깊어질 것으로 보인다.

포퓰리즘 극복이 관건

세계 금융시장도 2012년 선거가 어떻게 전개되는지 주의 깊게 지켜보고 있다. 주요 강대국들이 포퓰리즘을 뿌리 뽑을 리더십을 만들어낼 수 있느냐가 관건이다. 정치위기를 극복할 패러다임을 만들어내지 못하면 세계경제는 상당 기간 혼란에 빠질 것이다.

상황은 그다지 좋지 않다. 앞장서서 문제를 해결해야 할 각국의 집권세력과 야당이 선거를 앞두고 또다시 자기만 살려고 인기를 얻는 데만 급급하고 있기 때문이다.

이미 아르헨티나 대통령 페르난데스는 2011년 10월 23일 치러진 대선에서 민주주의가 회복된 1983년 이후 가장 높은 득표율로 재선에 성공했다. 2007년 10월 28일 남편 네스토르 키르츠네르 전 대통령의 적극적인 도움에 힘입어 대통령에 당선된 페르난데스는 브라질의 지우마 호세프Dilma Rousseff 대통령과 함께 남미 '우먼파워'의 쌍두마차로 꼽힌다. 당시 세계 최초로 직선제를 통해 당선된 대통령 부부로 화제를 모았던 페르난데스는 재선 때는 '제2의 에비타'라는 이미지를 앞세워 유권자들에게 압도적인 지지를 받았다.

페르난데스는 두 번째 선거에서 승리하기 위해 에비타의 '페론주의'를 부활시켰다. 선거 캠페인 이름도 '모두에게'로 정하고, 국가 총예산의 19%(170억 달러)를 국민생활 보조금으로 사용했다. 특히 유료 케이블 TV의 프로축구 중계를 전 국민이 무료로 볼 수 있도록 지상파 방송으로 바꿔 유권자들의 마음을 사로잡았다. 그녀는 학생들에게 300만 대의 넷북을 무료로 나눠주기까지 했다. 또 은퇴자 670만 명의 연금을 37% 인상했고, 무주택 가정 집세 보조금도 50% 올렸다. 전기, 가스, 유류세도 거의 무상이다.

그녀의 부분별한 포퓰리즘 공약은 이미 부작용을 낳고 있다. 전기·가스비가 싸지자 수요가 크게 늘어나 천연자원 대국인 아르헨티나가 2008년부터 가스를 이웃나라에서 수입하고 있는 것이다. 지나치게 많은 각종 보조금들로 인해 인플레이션도 우려되고 있다.

2011년 11월 20일 총선을 치른 스페인도 인기영합식 공약으로 몸살을 앓았다. 총선에서의 승리로 총리가 된 국민당 마리아노 라호이 Mariano Rajoy 대표는 "국민연금을 삭감하지 않고 영세 소상공인들에게 더 많은 세금감면 혜택을 주겠다.' 고 공약했다. 군소 정당들은 외국자본이나 외국이민자에 대한 규제강화를 들고 나오는 등 민족감정을 자극하는 인기영합식 공약도 등장했다. S&P 등이 스페인의 국가신용등급을 강등하는 등 재정위기 상황에 처해 있는데도 여야 모두 집권과 득표에만 온 정신을 쏟은 것이다.

눈앞에 닥친 위기에 흥분한 유럽에서는 과도한 복지지출로 그 원인을 제공한 좌파정권이 다시 정국을 주도하는 U턴 현상까지 벌어지고 있다. 2011년 9월 15일 치러진 덴마크 총선에서는 중도좌파 정당이 10년 만에 우파를 꺾고 집권에 성공했다. 덴마크의 첫 여성 총리가 된 헬레 토르닝-슈미트Helle Thorning-Schmidt 사회민주당 당수가 이끈 중도좌파 진영이 179석 중 89석을 차지해 86석을 얻은 라르스 뢰케 라스무센Lars Loekke Rasmussen 현 총리의 우파연정에 승리한 것이다. 2011년 9월 25일 열린 프랑스 상원선거에서도 좌파가 우파를 눌렀다. 이는 5공화국 출범(1958년) 이후 처음 있는 일이다. 이런 상황에서 위기극복의 리더십이나 국제공조를 기대하기는 어렵다는 것이 전문가들의 공통된 지적이다.

갈택이어 竭澤而漁

갈택이어란 연못의 물을 말려 고기를 얻는다는 뜻으로 눈앞의 이익을 얻는 데만 급급해 미래를 생각하지 않는 것을 꾸짖는 말이다.

제나라에 돈에 환장한 사내가 있었다.

어느 날 아침, 그는 평소처럼 말쑥하게 차려입고 거리로 나섰다.

이곳저곳을 서성대노라니 금은방 하나가 눈에 들어왔다. 그는 성큼성큼 금은방 안으로 걸어 들어가 주인이 보는 앞에서 금덩이 하나를 덥석 집어 가슴팍에 집어넣고 냅다 달아났다.

거리 모퉁이를 채 돌아서기도 전에 그는 마침 그곳을 순찰하던 포졸에게 덜미를 잡히고 말았다.

"벌건 대낮에 남의 물건을 훔치다니 어리석기 짝이 없는 녀석이로군. 어째서 이런 바보짓을 한 거지?"

포졸이 묻자 사내는 이렇게 대답했다.

"제가 금덩이를 훔칠 때, 사람은 보이지 않고 금덩이만 보였거든요."

무상복지로 인해 국가의 재정은 악화되고 국민들은 고통을 겪게 될 것이다. 웬만한 상식이 있는 사람들의 눈에는 훤히 보이는 일이다. 그러나 표만 얻겠다고 달려드는 여야 정치인들 눈에는 향후 벌어질 재난이 보이지 않는다. 활활 타오르는 불길을 향해 날아드는 불나방처럼 몸이 불에 타들어 가기 전까지는 결코 그들의 눈에 씐 콩깍지가 벗겨지지 않을 것이다.

2020년 한국의 GDP 대비 국가채무비율은 45%(약 1000조 원)이고, 2008년 이후 출
생자 1명이 평생 부담할 세금은 무려 3억 9716만 원에 이른다. 건강보험 재정은
적자에 허덕이고 병원은 무상의료에 맛들인 사람들로 연일 북새통을 이룬다. 거
리에는 일자리를 잃은 젊은 세대들이 연일 시위를 벌이고 있다. 노인수당을 줄이
겠다고 하자 지팡이를 든 노인들까지 시위에 나선다. 성장 없는 복지잔치가 불러
올 10년 후 한국의 자화상이다.

국가위기 불러일으킬 포퓰리즘

공유지의 비극,
4년 후엔 나 몰라

"나라 곳간을 주인이 없는 공유지 취급해 서로 소를 끌고 나와 계획 없이 풀을 뜯긴다면 초지가 황폐화되는 '공유지의 비극'을 초래할 수 있음을 명심해야 한다."

윤증현 전 기획재정부 장관이 2011년 신년사에서 복지 포퓰리즘을 경계해야 한다며 꺼낸 말이다. 개방된 목초지에 너나 할 것 없이 소를 몰고 들어와 풀을 먹게 하면 공유지가 황폐화되어 결국 많은 소들이 굶어죽게 된다. 즉 지나치게 사리사욕을 채우려 들면 결국 자신을 포함해 공동체 전부가 망하게 된다는 뜻이다. 당시 나라 곳간을 지키던 수장으로서 너나 할 것 없이 복지공약을 들고 나와 흥청망청 나랏돈을 써대려는 포퓰리스트들을 향해 던진 경고의 메시지였다.

윤 전 장관의 경고대로 지금의 국가재정 상태는 별로 좋지 않다. 한국은 2008년부터 2010년까지 3년간 GDP의 무려 6.5%에 달하는 재정을 금융위기를 극복하는 데 썼다. 이는 OECD 국가 중 GDP 대비 가장 큰 규모다.

다행히 외신들로부터 '교과서적인 경기회복'이라는 찬사를 듣기는 했지만 재정은 크게 악화됐다. 국가 빚은 지난 3년간 94조 원이나 늘었고 (관리대상) 재정수지는 3년 연속 적자에 허덕이고 있다.

2012년 복지예산 86조 원은 중앙정부 총예산의 28%를 차지한다. 지난 6년간 복지예산은 연평균 17.4% 증가해 정부의 총지출 증가율 7.1%보다 2.5배나 빠르게 늘어났다. 그러나 민주당은 2009년 한국의 GDP 대비 복지지출 비중 9%는 OECD 평균 20%의 절반도 안 된다고 공격한다.

반면 국회 예산정책처의 분석자료에 따르면 한국의 GDP 대비 복지지출 비중이 1997년 3.8%에서 2008년 8.3%로 급격히 늘었고, 이 추세가 유지된다면 6년 뒤에는 20%에 달할 전망이다. 그렇게 되면 GDP 대비 복지예산 규모는 피그스_{PIGS}의 그리스(20.2%, 2008년)와 같은 수준이 되며 이탈리아(18.8%)를 넘어설 뿐 아니라 OECD 평균(15.2%)보다 5%포인트 높아지게 된다.

이 모든 복지논쟁, 특히 정치권의 복지논쟁은 선거에서의 표를 의식한 포퓰리즘 성격이 짙다는 점에서 유럽을 반면교사_{反面敎師}로 삼아야 한다. 1960년대 유럽의 정치인들은 모든 시민에게 고용안정과 생활보호를 보장하는 '통합된 사회'의 미래비전을 제시했고, 각국이 경쟁적으로 복지와 재정을 늘렸다. 20세기 후반 유럽 각국의 GDP 대비 정부지출의 비율은 대부분 2배 이상 올랐다. 그 결과 오늘날 유럽인들은 더 이상 안전한 직장과 삶을 보장받지 못한다. 21세기 EU의 경제성장률은 세계 최하 수준이다. 2011년 말 EU 27개국 평균 실업률은 9.8%에 이르렀다. 이러한 불황은 특히 청년들에게 영향을 끼쳐 청년실업률은 21.8%를 기록했다. 2011년 2분기에 OECD 9개국 청년 4명 중 1명 이상이 무직이었다. 이들 모두가 유럽 국가였다. 스페인은 42%였다.

이제 유럽이 활력을 되찾으리라 기대하는 사람은 거의 없다. 20세기 후반 OECD 23개국의 GDP 대비 정부지출비율은 25% 미만에서 60% 이상으로 커졌지만 이 기간 경제성장률은 오히려 6.6%에서 1.6%로 떨어졌다.[40] 국민의 복지부담이 늘어남으로써 민간기업의 투자와 고용이 제대로 이루어지지 않아 성장률은 떨어지고 실업자는 늘어난 것이다. 이제 유럽의 부유한 아버지들이 만든 복지통합 사회비용을 그의 가난한 아들들이 대신 치르고 살아가야 한다. 그런데 한국의 정치인들은 유럽의 상황에 대해서는 눈과 귀를 막고 보지도 듣지도 않으려 한다.

포퓰리스트들은 유럽 국가들이 방만한 복지재정 지출로 국가재정위기사태를 맞이했다는 것을 알면서도 OECD 수준으로 복지예산을 확대해야 한다고 주장한다. 2010년 나라 빚이 394조 4000억 원에 달했고, 그 빚은 점차 늘어나고 있다. 이런 상황에서 무상복지를 내세우며 OECD 기준에 맞춰야 한다는 주장은 "왜 한국은 망하는 것까지 OECD국가들에 뒤지느냐."는 말과 같다.

한국 국가채무 증가,
빚 갚을 일 쌓였다

우리나라 2011년 국가채무는 2010년보다 42조 7000억 원 늘어난 435조 5000억 원으로 추정된다. GDP 대비 비중을 보면 35.1% 수준이다. 반면에 미국은 99.3%, 일본 234.1%, 독일 76.5%이며 G20 평균은 78.8%이다.

수치로만 보면 재정건전성이 좋은 편이라고 할 수 있다. 때문에 IMF나 OECD에서는 우리나라가 글로벌 금융위기 이후 재정을 건전하게 만들려고 꾸준히 노력한 결과 재정상태가 양호해졌다고 평가하고 있다.

그러나 국가채무가 지나치게 빠르게 늘어나고 있다는 것이 문제다. 더군다나 국민연금, 공무원연금, 군인연금, 사학연금 등 4대 공적연금을 비롯해 기초노령연금, 건강보험 등 인구 고령화 관련 지출이 빠르게 늘고 있다.

국가재정운용계획 정책보고서에 따르면 이 같은 7개 항목의 지출

규모는 2050년에 GDP의 17.8%에 달할 것으로 보인다. 국민연금을 비롯한 4대 공적연금의 지출규모는 2011년 GDP 대비 2.3%에서 2050년 7.7%로 5.4%포인트 오르고 조세로 재원을 조달하는 기초노령연금 지출규모는 2011년 GDP 대비 0.4%에서 2050년 3.1%로 2.7%포인트 늘어난다는 분석이다. 7개 항목은 모두 인구 고령화와 관련된 재정지출이다.

재정수입을 늘리거나 다른 지출을 조정하지 않는다면 2050년 국가채무는 GDP의 137.7%로 급격히 늘게 된다. 이는 재정위기로 국가부도 사태에 빠진 그리스의 국가채무 비율과 비슷한 수치다. [41] 지금처럼 국가채무가 급격히 늘어난다면 우리도 국가부도 상황을 맞이할 수밖에 없다.

무상복지 안 해도
청년세대 빚더미

낮 시간에 친구들과 백화점에 다녀온 김 모 할머니(78세), 대학을 갓 졸업하고 부푼 꿈을 안고 첫 직장에 들어간 손녀(24)는 새벽 1시가 되어도 집에 돌아오지 않는다. 경기불황으로 회사가 구조조정을 거치면서 1인 3역을 해야 하는 터라 밤샘작업은 그녀에게 일상이 되었다. 매달 월급의 43%를 건강보험료로 내고, 25%는 세금으로 내다 보니 일을 해도 먹고 살기 빠듯한 '워킹푸어working poor'가 되어버렸다.

이 이야기는 무상복지로 현 세대의 복지부담을 다음 세대에 떠넘길 경우 2050년 지금의 청년세대 자녀가 겪게 될 현실이다.

2007년을 기준으로 각 세대가 기대수명(80세)까지 내야 할 세금을 계산하면 현재의 청년세대는 기성세대들이 한 번도 떠맡지 않았던 짐을 평생 짊어져야 한다. 2008년에 도입된 기초노령연금, 장기요양제도, 보장성이 높아진 국민건강보험 등 굵직굵직한 복지정책에 소요되는 비용을 이들이 현 세대 중 첫 번째 주자로 가장 오랜 기간 부담해야 하는 것이다.

급속한 고령화로 20~29세 100명당 65세 이상 인구가 2000년 25.5명에서 2020년 68명으로 늘어나고, 2030년에는 146.2명에 이르러 청년 1명이 노인 1.5명을 먹여살려야 한다. 젊은 층의 재정부담이 늘어날 수밖에 없는 구조다. 더 큰 문제는 청년층의 세금부담이 늘어나면 시장경제의 활력이 떨어져 경제성장이 둔화되는 악순환이 빚어질 것이라는 점이다.

현재의 조세부담률과 복지시스템을 유지할 경우 정부 중장기적으로 복지지출을 감당하려면 국민들이 부담한 세금 외에 2007년 GDP 대비 16%의 재정이 더 필요하다. 이런 재정 부족분을 현재 세대가 세금을 더 내서 해결하지 않고 한꺼번에 2008년 이후 출생한 미래 세대에게 떠넘길 경우 미래 세대는 1명당 3억 9716만 원에 이르는 순 재정 부담을 떠안아야 한다.[42] 2008년 이후 때어난 이들이 평생 벌어들인 소득의 25%를 세금으로 내야 현재의 복지시스템을 유지할 수 있다는 얘기다. 더군다나 2000년 이후 태어난 이들이 연금을 받는 시점에 이르러서는 연금이 바닥나는 상황이 벌어질 수 있다. 학계에서는 현 상황이라면 2060년에는 연금이 바닥을 드러낼 것으로 보고 있다.

노인복지 젊은 세대 몫,
세대 간 갈등 크게 늘어

지금 재정위기에 허덕이는 유럽의 국가들에서는 무상복지로 인한 복지비용의 차대세 전가, 연금확대 등으로 인해 세대 간 갈등이 크게 늘고 있다. 유럽의 젊은 세대들은 거리로 몰려나와 "노인층 복지를 왜 우리가 떠안아야 하느냐."며 연일 연금법 개정에 반대하는 시위를 벌이고 있다. 노령층이 두터운 가까운 일본만 보더라도 세대 간 갈등이 얼마나 심각한 사회적 혼란을 일으키는지 알 수 있다.

세계 최고의 장수국가 일본의 식당이나 가게에는 꽤 많은 노인들이 손님으로 앉아 있다. 일본에서는 이들을 겨냥해 겉으로 드러내지 않고 상품과 서비스를 선보이는 이른바 '스텔스 마케팅stealth marketing' 열풍이 일고 있다. 가족이 모여 외식을 할 때 70대 부모가 계산하는 모습도 흔히 볼 수 있다. [43]

日, 70세 노인연금이 낸 돈의 8배

일본은 최근 재정이 악화되자 노인부담을 늘리는 쪽으로 정책을 수정했지만 여전히 노년층은 최소한의 부담으로 복지혜택을 누릴 수 있도록 했다. 노인층이 전체 인구에서 차지하는 비중이 크고 투표 참여율도 전체 유권자에서 30%나 차지할 정도로 높기 때문이다.

2005년 현재 70세 이상의 고령층은 670만 엔의 연금보험료를 낸 것만으로 5500만 엔의 연금을 타고 있다. 낸 돈의 8.3배에 달하는 금액이다. 일본 정부는 재정부담 때문에 해마다 지급되는 연금의 증가율을 물가상승률이나 임금증가율 밑으로 제한하는 '매크로경제슬라이드' 제도를 도입했지만 물가가 떨어질 때에는 연금에 하락률을 적용하지 않는다는 단서조항을 달아두었다. 덕분에 디플레이션이 지속되는 와중에 이 제도는 오히려 노년층의 연금소득을 보장해 주는 역할을 하고 있다.[44]

뿌린 것에 비해 혜택을 많이 받는 고령자가 갈수록 늘어나는 상황이다. 고령자들의 표를 의식한 정책에서 벗어나지 못하는 한 일본의 재정은 당연히 나빠질 것이고, 세대 간 갈등도 심해질 수밖에 없다. 노인 표를 의식해 증세와 복지개혁 등 해야 할 일들을 하지 않고 미뤄온 것이 일본의 경제를 지금과 같은 최악의 상황으로 몰고 간 것이다.

우리의 당면과제는 무상복지정책을 막아내는 일

전문가들은 한국에서도 급속한 저출산·고령화와 함께 연금과 노인부양 등 복지문제에서 세대 간 갈등이 심화될 가능성이 크다고 지적한다. 로렌스 코틀리코프 Laurence Kotlikoff 보스턴대학 경제학 교수의 '세대 간 회계' 연구를 현행 우리나라 복지제도에 적용하면 미래세대가 현 세대보다 3배나 많은 재정부담을 져야 한다.

이대로 가다간 머지않아 우리나라 젊은이들이 연금지급을 반대하고, 노인부양을 거부하는 사태가 벌어질지 모른다. 청년실업률은 높아만 가는데 50~60대 실업률은 낮아지고 있다. 수명이 늘어난 노·장년층이 일자리를 차지하고 있기 때문이다. 일자리 하나를 두고 젊은 세대와 노·장년 세대가 경쟁하는 시대가 된 것이다. 앞으로 세대 간 일자리 경쟁은 더욱 치열해질 것이고, 젊은 세대들은 '내 밥그릇을 빼앗는 노인이 왜 이렇게 많은가?'라는 생각을 하게 될 것이다.

하지만 정치인들은 이 같은 지적에도 아랑곳하지 않고 무상급식·무상보육·반값등록금 등 표를 의식한 포퓰리즘 정책을 쏟아내고 있다.

무상복지에는 돈이 들어간다. 재정이 부담할 수 없을 정도로 복지를 늘리면 빚을 얻어 메워야 하고 나라가 '고부채·저성장'의 늪에 빠지게 된다. 그렇게 되면 당연히 일자리와 소득이 줄어든다. 이는 현 세대가 잘 살기 위해 미래세대에 빚더미를 떠넘기는, 젊은이들의 희망을 빼앗는 것이나 다름없는 행위다.

지금 우리 앞에 놓인 당면과제는 2012년 선거를 의식한 정치권의 포퓰리즘적 무상복지정책을 막아내는 일이다.

세대와 세대를 이어주는 삶의 지혜

유대인의 지혜의 지침서 『탈무드』에 다음과 같은 이야기가 나온다.

한 유대인 노인이 뜰에 묘목을 심고 있다. 마침 그곳을 지나가던 나그네가 그 모습을 보고 물었다.

"언제쯤 그 나무에서 열매를 걷을 수 있습니까?"

"70년쯤 후에나 걷을 수 있겠지."

노인의 대답에 나그네는 고개를 갸우뚱하며 다시 물었다.

"노인장께서 그때까지 사실 수 있습니까?"

그러자 노인이 딱 잘라 말했다.

"그렇기야 하겠나, 내가 태어났을 때 과수원에는 열매가 잔뜩 열렸었네. 아버지께서 심어두셨기 때문이지. 나도 그저 우리 아버지와 똑같이 내 후손을 위해 미리 심어두는 것일세."

이 짧은 이야기에서 우리는 기성세대와 미래세대를 끈끈하게 이어주는 삶의 지혜를 배울 수 있다. 지금 당장 나만 편하면 다음 세대는 어떻게 되던 상관없다는 생각은 우리 자녀들에게 고통을 안겨주는 일이다. 70년 후의 내 자손들이 잘 살 수 있도록 곳간을 채워두어야 한다.

커져만 가는 공짜심리

2011년 8월 한 경제일간지가 설문조사를 실시한 결과 '복지 포퓰리즘의 성격'을 묻는 질문에 응답자의 50.3%가 '합리적인 논쟁과 검증이 아니다.' 라고 답해 국민 대다수가 '포퓰리즘=정쟁政爭'이라는 인식을 하고 있는 것으로 나타났다.

또 정치권이 경쟁적으로 내놓는 복지정책에 대해 국민들은 재정확보방안을 갖추지 못한 빈껍데기에 불과하다는 의견을 보였다. 이와 관련해 정당별로 제시한 복지정책의 진정성에 대해 한나라당은 49.3%, 민주당은 58.1%의 응답자들이 실현가능성이 거의 없다고 답했다. 특히 한나라당과 민주당이 내놓은 복지정책과 관련해 비교우위를 묻는 질문에는 49.0%가 판단할 수 없다고 대답해 여야 구분 없이 복지정책이 신뢰를 받지 못하는 것으로 나타났다.[45]

그런데 문제는 포퓰리즘의 폐해를 잘 알고 있으면서도 정작 자신의 생활과 직결된 복지사안이 걸려 있으면 정치권의 유혹에 쉽게 빠져든다는 데 있다.

자유기업원이 2011년 9월 6~19일 전국 대학생 1523명을 대상으로 온라인 설문조사를 실시한 결과 반값등록금이나 무상보육, 무상의료 등 무상복지정책에 대해 찬성하는 의견이 반대하는 의견보다 더 많았다.

반값등록금의 경우 5조원 이상의 추가 재정부담이 발생하는데도 불구하고 응답자 중 절반이 넘는 50.7%(752명)나 '전면도입에 찬성한다.'고 답했다. 이는 '평균소득이 하위 10%에 속하는 취약계층에 교육비 지원이 집중돼야 한다.' (21.1%)는 사실상 반대의견이나 '하위 50% 계층에 선별적으로 지원돼야 한다.' (28.2%)는 선택적 복지를 크게 웃도는 수치다.

0~5세 유아에 대한 무상보육(보육비 전액지원)의 경우도 찬성(44.5%) 의견이 '취약계층에 집중돼야 한다.' (25.1%), '하위 50% 계층에 선별적으로 지원돼야 한다.' (30.4%)보다 많았다.

이 같은 결과는 오세훈 전 서울시장이 시장 직을 걸고 2011년 8월 말에 실시한 무상급식 주민투표가 최소 참여율(33.3%) 조건을 충족시키지 못했던 것과 일맥상통한다고 볼 수 있다.

무상의료의 경우 모든 계층에 균등하게 적용해야 한다는 찬성의견이 38.7%로 반값등록금이나 무상급식에 비해 상대적으로 높지 않았다. 그러나 '취약계층에 집중적으로 지원해야 한다.' 는 응답(26.3%)보다는 훨씬 더 많았다. 이는 무상복지에 대한 젊은 층의 선호도가 반영된 결과이다.

공짜심리 부추기는 여야 정치권

지금 여야는 저마다 '복지'를 들고 나와 국민들의 공짜심리를 한껏 부추기고 있다. 아이 보육비부터 초·중생 급식비, 대학생 반값등록금, 전 국민을 대상으로 의료비까지 공짜로 줄 태세다. 이런 식으로 여·야가 포퓰리즘 경쟁을 가속화하다 보면 무상주택·무상전기·무상교통 등 더 황당한 발상도 나올 수 있다. '전면무상'을 내세운 정책이라도 결국 완전히 공짜일 수는 없다. 다른 부문과 영역의 희생이 따를 수밖에 없다. 공짜 포퓰리즘이 국가경제를 파탄에 이르게 하고 국민들의 삶을 도탄에 빠지게 한다는 것은 세계 역사를 보면 알 수 있는 일이다. 공짜 포퓰리즘은 양잿물과 마찬가지다. 선거에서의 표가 아무리 중요하다고 할지라도 집권당 지도부까지 나서서 국민들이 양잿물을 먹도록 선동해서는 안 된다. 유권자들도 눈앞의 달콤한 이익에 집착하지 말고 국가의 미래를 보는 안목을 키워야 포퓰리즘 정책들이 발붙일 곳을 잃게 된다.

무상시리즈,
한국경제 성장동력 좀먹어

　　정치권의 '무상시리즈'가 한국경제의 미래 성장동력을 좀먹어 국가적 재앙을 불러올 것이라는 전망이 속속 나오고 있다. 정치권의 무상복지 지출요구액인 60조 원은 연구·개발R&D 투자액 14조 원의 4배에 달한다. 이 예산을 확보하기 위해 2012년 R&D 및 산업·중소기업·에너지 분야 예산을 2011년 지출액 대비 각각 2조 원, 1000억 원씩 삭감하자는 말이 나오기도 했다. 또 국회가 2012년 기초노령연금 예산을 5876억 원으로 크게 늘리는 방안을 추진하면서 보건의료 관련 R&D 예산이 9200억 원이나 삭감되기도 했다. 일단 표를 얻기 위해 쓰고 보자는 것이다. 경제성장을 위한 투자는 뒷전이다.

　　정부 R&D 예산은 2005년에 7.8조 원에서 2009년 12.3조 원, 2010년에 13.7조 원, 2011년에 14.9조 원으로 지난 6년간 매년 12% 정도 투자가 확대됐다. 이는 국가경쟁력 진흥을 위해 노무현 정부와 현 정부가 일관되게 노력한 결과다.

앞으로도 정부 R&D 투자는 계속 확대돼야 한다. 특히 기초과학 연구 관련 R&D 투자는 과학기술 강국건설에 필요한 인프라를 제공하고 지속적인 경제발전을 가능하게 하는 가장 확실한 투자이다. 한 예로 정부가 미래 국가핵심 신성장동력으로 육성하고 있는 로봇산업은 한국이 과학기술 강국대열에 오르기 위한 핵심산업이다. 이를 의식해 정부도 이공계 분야를 활성화하고 고급인재를 키우기 위해 제2차 과학기술 인재육성·지원 기본계획(2011~2015년)을 발표했다. 로봇산업은 녹색·친환경, 신소재·로봇·소프트웨어·교육·콘텐츠 등 유망 직종 분야 가운데서도 가장 주목을 받고 있다. 이제 이러한 로봇산업에 대한 투자확대는 더 이상 미룰 수 없는 시대적 과제가 된 것이다.

진정한 복지란 일자리를 만들어내고 미래성장동력을 지속적으로 발굴해 나가는 것이다. 마르지 않는 샘물을 파는 자들이 바로 진짜 복지를 실천할 수 있는 능력을 가진 자들이다. 우리나라 미래세계에서 영향력 있는 국가로 우뚝 서고 우리의 후손이 좀 더 풍요롭게 살기를 바란다면 R&D 투자가 포퓰리즘 때문에 줄어드는 일을 결단코 막아야 한다.

정치권과 유권자,
의식개혁이 우선이다

공약空約을 없애기 위해서는 정치인, 유권자 모두 변해야 한다. 먼저 정치인부터 자세를 바꿔야 한다. 책임 있는 정책과 비전을 제시해서 국민들의 신뢰를 받는 정치인이 되어야 한다. 유권자들도 공짜심리를 버리고 공약이 실현될 수 있는지, 예산이 뒷받침될 수 있는지 여부를 반드시 점검해 봐야 한다.

정치인, 인기에 기대지 않는 '뚝심' 키워야

새 정권에게 남겨진 것이라고는 선진국 중에서 최저수준의 성장률, 파업과 인플레이션의 폭풍, 이윤과는 인연이 없는 국영기업, 재정적자, 민심의 황폐라고 하는 '빚의 유산' 뿐이었다.

1978년 영국의 대처Thatcher 수상이 집권하던 시기를 설명하는 내용인데 지금의 우리 상황과 별반 다르지 않다.

　　지금 우리는 산업화와 민주화를 이룬 이후 새로운 사회목표를 정하기 위한 혼란을 거듭하고 있다. 대처 수상은 현실을 직시하고 강공법으로 위기를 벗어났고, 독일 최초의 여성 총리인 앙겔라 메르켈 Angela Merkel 역시 포퓰리즘을 과감히 버린 강력한 개혁으로 유럽의 병자라 불리던 독일을 다시 살려냈다.

　　2006년 5월 24일 독일의 한 컨벤션센터에서 열린 독일 최대의 노동자 조직인 독일노조연맹 총회장에서 앙겔라 메르켈 총리가 연사로 나왔다. 그날 메르켈 총리와 독일노조연맹이 충돌하는 장면이 독일 전역에 반복해서 방영되었고, 국민들은 메르켈이 추진하는 경제개혁의 실체가 무엇인지 알게 되었다. 경제 개혁을 둘러싼 메르켈 총리와 노조의 마찰은 최저임금제 거부에서 시작해 노조의 회사경영 참여 견제, 근로자에 대한 사회보장 축소, 퇴직연금 수행시기 연장 등 여러 이슈로 확대되었다. 독일노조연맹 등은 대규모 시위를 벌여 메르켈식 개혁에 저항했다. 그러나 메르켈은 꿈쩍도 하지 않았다. 그 결과 메르켈 집권 1년여 만에 눈에 띄게 경제가 좋아졌다. 성장률과 설비투자가 오르고 실업률은 4년 만에 처음으로 한 자릿수로 내려앉았다. 메르켈이 나타나기 전에는 그 누구도 상상하지 못했던 일이다.

　　그런데 지금 우리에게는 대처와 메르켈 같은 지도자가 보이지 않는다. 다수의 정치인들이 포퓰리즘을 비판하면서도 포퓰리즘을 두려워하고 있고, 그 힘에 의존하려고 한다. 하지만 지금 우리 정치인들이 키워야 할 것은 인기에 연연하지 않는 '뚝심'이다.

유권자, 공짜유혹 뿌리쳐야

국가경제가 거덜 나든 말든 선거에서 표만 더 얻을 수 있다면 공짜 심리를 악용해 사탕발림으로 국민을 속이기라도 하겠다는 것이 지금의 정치권이다. 유권자들은 이를 인지하고 의식을 바꿔야 한다. 선물을 받는 데 익숙해져 전에 받았던 것보다 더 큰 선물을 바라는 마음을 버려야 한다. 기대치가 커질수록 포퓰리스트들은 더 큰 공약을 가지고 나와 국민을 선동할 것이다. 이러한 공약들은 더욱 지켜지기 어려워 더 큰 재정악화를 가져오게 된다. 그리고 그 피해는 고스란히 우리들에게 돌아온다.

퍼주기식의 공약인지 아닌지도 구별할 수 있어야 한다. 당장은 혜택을 받아 좋을지 몰라도 두고두고 그 대가를 치러야 하는 공약도 있

다. 정치인, 정당이 정당한 방법으로 유권자들의 지지를 얻으려 하는
지, 수단 방법을 가리지 않고 표를 끌어들이는 데만 혈안이 되어 있는
지 꼼꼼히 따져서 구분한 후에 개인의 이득을 생각할 것이 아니라 민
주시민의 양식에 따라 귀중한 한 표를 행사하는 것이 국민의 책무일
것이다.

공짜 짜장면

시골에 사는 한 학생이 아이들에게 읍내에 가서 짜장면을 사주겠다고 큰소리쳤다. 그러자 이게 웬 떡이냐는 듯 금세 수십 명의 아이들이 몰려들어 그와 함께 읍내에 있는 짜장면 집으로 갔다. 아이들은 이런저런 얘기들을 재미있게 주고받으며 맛있게 짜장면을 먹었고, 다 먹은 아이들은 하나둘 그 학생의 얼굴을 쳐다보기 시작했다. 큰소리를 친 학생은 주머니를 여기저기 뒤지더니 어이없다는 표정으로 말했다.

"아, 이런~, 지갑을 집에 두고 왔네."

그러자 한 아이가 버럭 소리를 질렀다.

"네가 사주겠다고 했으니 어떻게든 해봐!"

하지만 그 학생은 고개를 숙인 채 아무 말도 하지 않았다. 결국 아이들은 자기 호주머니에서 돈을 꺼내 짜장면 값을 내야 했다. 아이들은 큰소리 친 학생에게 돈이 있을 거라고 굴뚝같이 믿고 있었다. 하지만 알고 보니 그 학생은 늘 돈이 없었다.

정치인들은 너도나도 지금 공짜로 복지짜장면을 먹여주겠다며 읍내로 가자고 소리친다. '이게 웬 떡이냐.'며 좋아할 것이 아니라 그의 주머니에 점심값이 있는지부터 먼저 확인해 봐야 한다.

공약검증을 위한
매니페스토 확대해야

‘아니면 말고’ 식 공약을 차단하기 위해서는 선거공약을 사전에 명문화한 뒤 유권자들에게 심판을 받는 매니페스토제도를 정착시킬 필요가 있다.

메니페스트란 선거공약이 과연 실현 가능한 것인지 재원조달방안과 목표시점, 이행과정 등을 구체적으로 밝힘으로써 장밋빛 공약公約을 막고 선거를 정책대결로 이끌자는 것이다. 선거 후엔 당선자의 공약이 제대로 이행되는지 유권자들이 검증함으로써 책임행정을 구현토록 하는 시스템이기도 하다.

영국은 19세기 초반부터 매니페스토 개념을 도입했고 유권자들은 각종 선거 때마다 정당별 또는 후보별로 공약집을 구입해 선거공약이 자신들의 생활에 미칠 실익을 따져보고 나서 투표에 임했다.

최근 국내에서도 매니페스토 운동이 일어나고 있다. 21세기미래교육연합, 시민과함께하는변호사들 등 31개 민간 시민단체들은 공정거

래위원회의 반대에도 불구하고 징벌적 손해배상제, 하도급법 개정, 전·월세 상한제 도입을 추진한 국회의 포퓰리즘적 행태를 비판해 왔고, 포퓰리즘 입법활동을 중단하라고 요구하기도 했다. MB정부의 정책실패를 재계에 돌리려는 이중성도 강하게 비판하고 나섰다. 이들 시민단체는 국회 포퓰리즘 입법활동 감시, 세미나 개회, 국회의원 대상 '포퓰리즘·세금낭비 입법안하기' 서약식, 서약식 비참석 국회의원 공개 등의 활동을 해나갈 계획이라고 한다.

중앙선거관리위원회도 최근 매니페스토제도를 법제화하기로 했다. 공직선거법을 개정해 선거 60일 전까지 공약에 소요되는 예산과 재원 조달방법 등을 제출하는 것을 의무화할 계획이다. 제출된 내용을 검증할 별도의 위원회를 만들고, 공약 이행여부도 매년 점검하기로 했다. 선관위의 매니페스토 구상이 효과를 거두려면 2012년 4월 총선

전, 늦어도 12월 대선 전에는 법제화해야 한다.

법이 실효성을 거두려면 선관위가 정치권의 눈치를 보면서 망설여서는 곤란하다. 법을 어겼을 때 반드시 반대급부를 받도록 엄중한 장치를 마련해 놓아야 한다. 과태료나 부과하는 정도라면 포퓰리즘의 유혹을 뿌리치기 어려울 것이다.

프랑스·영국·독일 등 유럽 국가들은 지금 정부가 국민 한 사람 한사람을 '요람에서 무덤까지' 보살필 수는 없다는 것을 깨닫고 무분별한 복지를 줄여나가고 있다.

그러나 한국 정치권은 강 건너 마을이 불타는 것을 보면서도 "쟤들은 선진국이니 우리도 쟤들처럼 한번 해보자."라는 식으로 행동하고 있다. 화려한 불을 향해 달려드는 불나방은 몸이 불에 타기 전까지는 자신이 죽는다는 사실을 알지 못한다. 평균수명과 은퇴자 수는 늘어나고 출산율은 떨어지고 있는데 성장잠재력을 키우려 애쓰지 않고 공짜타령만 늘어놓다간 한국은 또다시 잃어버린 5년을 향해 달려가게 될 것이다.

PART 10

성장시대를 향한 도전

재정위기 처한 유로존,
복지축소에 안간힘

지금 유럽 국가들은 국민들을 '요람에서 무덤까지' 보살피는 데드는 막중한 비용을 감당할 수 없다는 것을 인식하고 복지축소에 안간힘을 쓰고 있다. 영국은 재정적자를 줄이기 위해 2013년부터 연간 4만 4,000파운드(약 7800만 원) 이상 버는 고소득자에게는 육아수당을 지급하지 않기로 했다. 학생들이 거리로 나와 폭력시위를 벌여도 대학 등록금을 3배로 올렸다.

프랑스는 정부부채가 GDP대비 77%이다. 여기에 지급해야 할 연금은 GDP 대비 200% 이상이나 된다. 복지시스템의 개혁은 정치적으로 불가능하다고 여겼지만 재정문제 때문에 불가피하게 연금수급을 받는 연령을 65세에서 67세로 늦추는 개혁을 단행했다. 또한 정부는 정부소유의 토지와 그 밖의 재산을 팔고 있다. 건강보험에서 보험료를 지속적으로 늘릴 뿐만 아니라 본인부담율도 지속적으로 늘리고 있다.

복지병에 시달리는 독일정부도 실업급여를 줄이는 등 정부부채와 정부지출을 줄이기 위해 줄기차게 노력하고 있다. 방만한 지출로 악명 높은 이탈리아 정부도 GDP 대비 100%에 달하는 부채를 줄이기 위해 모든 공무원의 월급을 3년 동안 동결하고 의료보험 지출을 줄이는 등 뼈를 깎는 고통을 참아내고 있다. 최근에 최악의 경제위기 상황을 맞이한 스페인도 출산수당을 중단하고 퇴직연령을 연장하는 등 다양한 방법을 동원하고 있다.

남유럽 국가들 역시 최근 과도한 복지로 국가부도에 몰리자 부유세를 철폐하는 강경책을 폈다. 1980년대까지 스웨덴을 비롯해 유럽 14개국이 부유세를 도입했지만 결과적으로 국부가 해외로 빠져나가고, 기업가 정신이 사라지고, 국가경쟁력이 약화되면서 재정수입이 줄고 빈곤층을 위해 써야 하는 재원까지 부족해지는 상황이 됐다. 결국 2000년대 들어 덴마크·핀란드·스웨덴·스페인 등 8개국이 이 제도를 없었고 프랑스도 곧 없앨 계획이다. 부유세의 원조국가 스웨덴의 경우 연간 불과 6~7억 달러의 세수를 위해 2000억 달러의 국부가 유출되고, 갑부가 해외에 개인자산 운용회사를 세우는 현실을 보고만 있을 수는 없어서 폐기한 것이다.

이제 이들 국가들은 복지국가란 "바울의 돈으로 베드로에게 이익을 주겠다."고 약속하는 것이나 다름없다는 사실을 깨달았다. 그러나 한국은 이 같은 사실을 인식하지 못하고 역주행하고 있다.

시대에 역행하는
한국의 무상복지론

하늘에서 돈이 떨어진다면 복지를 늘리는 것을 반기지 않을 까닭이 없다. 무상급식, 무상의료, 무상보육, 대학생 반값등록금은 물론 집도 주고 옷도 주고 먹을 것도 다 공짜로 주는 데 왜 마다하겠는가. 그동안 저소득층에 주고 있던 '공짜점심'을 의무교육 대상인 초·중학생 전체로 확대하자는 것이 민주당의 주장이다. 같은 자리에서 같은 밥을 먹더라도 공짜냐 아니냐에 따라 마음의 상처를 입는 학생들이 있을 것이기 때문에 부모의 소득수준과 관계없이 모든 학생들에게 똑같이 공짜점심을 주자는 것이다.

그렇다면 교복과 신발은 왜 공짜로 주지 않는가. 옷에서, 신발에서 상처받는 아이들도 분명 있는데 말이다. 학교는 근본적으로 밥을 주는 곳이 아니다. 밥만 먹이면 아이들이 자라는 것도 아니다. 교육이 살기 위해서는 선생님들이 식당이 아닌 교실을 지켜야 한다.

세계에서 무상급식을 하는 나라는 스웨덴과 핀란드뿐이다. 스웨덴과 핀란드는 2008년 기준으로 국민 부담률(국민들이 1년 동안 낸 세금과 국민 연금·의료보험료·산재보험료 등 각종 사회보장기여금을 합한 총액이 GDP에서 차지하는 비중)이 각각 47.1%와 42.8%에 달한다. 같은 해 한국의 국민 부담률은 26.6%에 불과했다. 이런 차이를 무시하고 스웨덴이나 핀란드처럼 100% 무상급식을 할 수는 없다.

무상의료는 입원진료비 90%를 건강보험에서 부담하고 연간 본인 부담을 100만 원 이내로 한다는 것이다. 2010년 건강보험료로 33조 6000억 원을 거뒀지만 지출이 34조 9000억 원이나 돼 무려 1조 3000억 원의 적자를 봤다. 2011년 1월에도 3000억 원 정도의 적자를 기록한 것으로 미루어보면 2012년에도 적자를 낼 것이 뻔하다. 머지않아 건강보험 재정은 바닥을 드러낼 것이다. 앞으로 건강보험 신규보장 대상이 계속 늘어날 것이고 정치권에서 의료보장을 확대하려는 분위기가 팽배하기 때문이다.

건강보험정책연구원의 '건강보험 중·장기 재정전망 연구' 보고서는 현 상황을 그대로 유지(보험료 수가·보장성 모두 동결)한다고 가정하더라도 2020년에는 재정적자가 16조 원, 2030년에는 48조 원이 될 것으로 전망했다. 민주당 안으로도 건보 추가소요 예산은 8조1000억 원이다. 그러나 본인 부담이 거의 없을 경우 의료서비스 수요는 당연히 무한대로 늘어난다.

무상급식 예산은 예측이 가능하지만 의료의 경우는 사실상 얼마가 들어갈지 예측이 불가능하다. 현재 무상의료를 실시하고 있는 일부 서구 선진국들이 어려움을 겪고 있는 것은 지나친 재정부담 때문이다. 2006년 1월 노무현 정부는 '6세 이하 무상 입원비' 정책을 도입했다. 현재 민주당이 주장하는 무상의료에 비할 바는 아니지만 당시로서는 획기적인 정책이었다. 당시 6세 미만에만 공짜로 입원을 시켜주었는데도 2년 만에 건보재정 부담이 크게 늘어났다. 6세 미만 입원비의 건보 부담액은 2005년 이전에는 증가율이 4~6% 수준이었는데 2006년에는 39.2%로 폭등했다. '과잉입원' 현상이 나타난 것이다. 노무현 정부는 2년도 채 버티지 못하고 이 제도를 없앴다.

저출산이 사회문제가 되는 상황에서 보육비를 줄이는 것은 중요한 과제다. 이 문제는 긍정적 요인이 많지만 퍼주기식이 되어서는 안 된다.

한편 대학생 '반값등록금'은 복지정책으로 분류하기도 어려운 선심성 표몰이 구호다. 반값등록금 공약은 애초에 현 정권이 내놓았던 것을 민주당이 다시 들고 나온 것이다. 대학교육의 질을 높이는 게 먼저인데 등록금을 들먹이는 건 본말이 전도된 것이다.

복지를 확대하려면 세금을 많이 걷는 수밖에 없다. 2011년 복지예산은 86조 4000억 원으로 총예산의 28%나 된다. 역대 최고수준이다. 복지예산은 이 분야 통계가 잡힌 2005년부터 연평균 10% 이상 증가해 왔다. 경제성장률을 훨씬 웃도는 증가율이다. 그만큼 경제에 부담을 주고 있는 것이다. 경제를 성장시키면서 복지를 늘려가야 밝은 미래를 보장할 수 있다. 우리가 이 정도 복지를 누리고 있는 것도 경제가 성장한 덕택이다. 유럽 복지국가의 국민부 담률은 소득의 50%를 넘는다. 우리의 부담률은 그 절반을 조금 넘는다. 우리가 그들은 따라가려면 세금과 사회보장부담률을 크게 높여야 한다. 세금 덜 내고 복지를 확대하려면 빚을 내야 한다. 앞에서도 여러 번 말했듯이 그 빚은 다음 세대에 부담을 떠넘기는 것이다.

한국의 국가채무는 2002년 말 133조 6000억 원에서 2007년 말에는 298조 9000억 원, 2009년 말에는 359조 6000억 원, 2010년 말에는 394조 4000억으로 크게 늘었다. 국가채무의 범위를 어떻게 정하느냐에 따라 채무규모는 달라진다. 2011년 회계 분부터 채택할 국제기준에 따라 국가채무를 계산하면 기존의 금액보다 더 많아진다. 새 기준을 적용하면 2009년 말 국가채무는 476조 8000억 원으로 늘어나고 GDP 대비 45%선에 이른다. 국가채무가 늘어난 이유는 그동안 국가부채에서 제외됐던 공공기관과 공기업. 각종 기금의 부채를 새로 포함시킨 탓이다. 그러나 새 기준에도 125조 원 7000억 원(2010년 기준)에 달하는 부채를 안고 있는 한국토지주택공사LH 공채는 국가채무 대상에서 빠졌다. LH 부채 중 이자를 내는 금융부채는 90조 원 정도로 하루 이자만 100억 원, 연간 이자가 3조 원을 넘는다. 경상이익(2009년 1조 8000억 원)을 감안하면 아무리 영업을 잘해도 이자조차 감당 못하는 상황이다. LH 총부채는 2011년에는 170조 원, 2014년에는 254조 원에 이를 것으로 보인다.

기획재정부의 발표에 따르면 2009년 말 기준 23개 공기업 부채는 213조 2042억 원으로 2008년보다 36조 1000억 원(20.4%) 늘어났다. 공기업이 정부사업을 수행하는 과정에서 지게 된 부채는 정부가 져야 할 빚을 대신 떠안은 것으로 봐야 한다. 공기업 부채와 정부 보증채무, 한국은행의 통화안정증권 발행 잔액, 4대 공적연금의 책임준비금 부족액까지 포함하면 국가채무는 2009년 말 1600조 원이 넘는다는 계산도 나온다.

'미래' 없는 포퓰리즘,
장기비전 세워야

1957년 10월 소련이 인공위성 스푸트니크Sputnik를 쏘아 올렸을 때 미국은 깜짝 놀랐다. 과학기술, 우주개발 분야에서 소련보다 앞서 있다고 생각했기 때문이다. 2달 후 미국도 인공위성을 쏘아 올리려고 시도했지만 실패하고 말았다.

미국은 실패원인을 조사하는 위원회를 구성했다. 조사보고서에 미국의 중·고등학교 수학교과서를 바꾸어야 한다는 주장이 나온다. 교육을 통해 기술개발을 앞당기자는 원대한 계획이었다. 인공위성을 쏘아 올리는 데 실패한 후 1958년에 우주항공국NASA를 만든 미국은 1969년에 인류 최초로 인간을 달에 착륙시키는데 성공했다.

우리는 당장 무상급식을 하자고 하지만 밥이 아니라 새로운 교육을 시키는 것이 더 중요하다. 무상급식을 한다면 혜택은 눈에 보이지만 무상급식의 부담은 현재 태어나지도 않은 자녀 세대들의 몫이 될 수밖에 없다. 노령화와 저출산 등으로 앞으로 한 사람이 두 사람을 먹여 살리는 사회가 될 텐데 재원조달을 어떻게 할 것인가. 또 그 부담을 어떻게 나눌 것인가에 대한 합의나 논의도 없이 복지프로그램을 가동하는 것은 위험한 일이다.

1992년 빌 클린턴Bill Clinton이 미국 대통령에 당선되었을 때 경제학자 허버트 스타인Herbert Stein은 클린턴에게 당선을 축하하며 4년 동안 무엇을 할 것인가를 생각하기 전에 20년 후 미국이 어떤 모습으로 발전했으면 좋겠는가를 생각하고, 그 발전된 모습을 실현하기 위해 당신에게 주어진 시간을 활용하라고 충고했다.

세계적인 로켓제트추진 분야의 전문가 첸쉐썬錢學森은 중국에서 대학을 마친 후 미국 캘리포니아공대에서 박사학위를 받고 제2차 세계대전 때 미국방과학위원회 미사일 팀장을 맡았다. 그는 1950년 중국으로 돌아가려 했으나 미국의 방해로 간첩으로 몰려 억류되었다가 1955년 미사일 관련 자료는 하나도 갖지 못한 채 맨몸으로 중국으로 돌아갔다.

"우리도 인공위성을 쏘고 싶다. 할 수 있느냐?"는 마오쩌둥毛澤東 전 중국 국가주석의 물음에 그는 이렇게 대답했다.

"할 수 있다. 단, 조건이 있다. 15년 동안 성과에 대해서는 묻지 말고 돈과 인재만 달라. 첫 5년은 기초과학, 다음 5년은 응용과학을 가르치고 그다음 5년은 실제 제작에 들어가면 인공위성을 쏠 수 있다."

마오쩌둥은 그의 요구를 들어주었고, 실제로 15년 후인 1970년 중

국은 인공위성 발사에 성공하게 된다.

장기적인 시각에서 문제를 바라보고 접근하라는 것은 선출직 공무원이나 정치인들에게는 어려운 주문이다. 포퓰리즘에 빠져서는 안 된다고 하지만 그것이 쉬운 일은 아니다. 하지만 중국이 15년 장기계획을 하고 인공위성을 쏘아 올리는 일이나 미국이 첫 인공위성 실패 후 중·고등학교 수학교과서를 바꾸어서 인재를 장기적으로 양성하겠다는 프로그램을 만든 일은 미래를 설계해야 하는 우리에게 시사하는 바가 크다.

단기적인 것도 중요하지만 장기적인 프로그램을 마련하지 않고서는 절대로 선진국이 될 수 없다. 교육의 중요성을 아무리 강조해도 지나치지 않은데 공짜 밥과 반값등록금에 빠져 있으니 나라가 장기적으로 발전할 기미를 보이지 않는 것이다.

최상의 복지는
일자리 창출

최상의 복지란 일자리를 많이 만들어내는 것이다. 복지는 그냥 얻어지는 것이 아니다. 유권자들의 눈치를 보느라 세금 많이 걷겠다는 얘기는 하지 않고 베풀겠다고만 하는 것은 일종의 기만이자 눈속임에 불과하다.

1968년 미국 대통령의 민주당 후보경선에 출마했던 로버트 F 케네디 상원의원은 '복지보다 일자리가 우선'이라며 무분별한 복지시혜를 비판한 적이 있다.

기초생활보장제도에서 알 수 있듯이 시혜적 복지는 온 국민을 열심히 일하는 노동자(세납자)들의 호의에 기대게 만든다.

14억 원짜리 땅을 보유한 기초생활수급자가 경찰에 적발되고, 운전면허를 갖고 있는 시각장애인 4687명 중 4500명가량이 가짜라는 보도도 있었다. 복지서비스 제공자(가령 어린이집)와 대상자(학부모)가 은밀하게 담합한 사례도 있다. 재산을 부모 명의로 해놓고 보육비를 지원을 받는 경우도 허다하다.

빈곤문제를 근본적으로 해결하기 위해서는 적절한 소득을 안겨주는 소중한 일자리를 제공해야 한다. 그리고 자신이 속한 공동체, 국가, 가정에 대한 공동체 의식을 심어주고 자신도 사회를 위해 매우 중요한 업무를 담당하고 있다는 사명감을 키워줘야 한다.

퍼주기식의 작은 복지에 연연하면 경제는 활력을 잃게 된다. 정치권은 복지확대를 주장하기에 앞서 복지와 재정부담과의 관계를 명확히 파악해 일자리 창출을 통한 복지혜택을 구상해야 한다. 복지정책은 장기간 국민의 세금부담을 요구하는 정책이기 때문이다.

진정으로 복지국가를 추구하는 정치인이라면 세금을 많이 내자고 국민을 설득할 수 있어야 한다. 그러지도 못하면서 복지에 대한 국민의 기대치만 높이는 것은 이중적이며 비겁한 행동이다. 정치인들이 무분별하게 복지를 들고 나오면 나라는 망국으로 치닫는다. 포퓰리즘이 망국으로 가는 지름길임을 정치인과 유권자 모두 명심해야 할 것이다.

참고문헌

김세중 외, 『노무현과 포퓰리즘 시대 : 386 운동정치의 손익계산서』, 기파랑, 2010
서병훈, 『포퓰리즘 : 현대 민주주의의 위기와 선택』, 책세상, 2008
이건개, 『포퓰리즘은 죽어야 한다』, 랜덤하우스코리아, 2007
철학연구회, 『디지털 시대의 민주주의와 포퓰리즘』, 철학과현실사, 2004

주)

1) 강혜근, 「강혜근의 고사성어 다시 읽기 – 반구부추」, 대전일보, 2011.10.6
2) 「포퓰리즘 바로보자 – ① 오·남용 너무 심하다」, 연합뉴스, 2011.7.11
3) 윤계섭, 「다산칼럼 – 포퓰리즘의 역설」, 한국경제, 2004.2.4
4) 정재형, 「포퓰리즘에 나라 망친 '짐바브웨'」, 한국경제, 2009.8.14
5) 「포퓰리즘 바로보자 – ① 오·남용 너무 심하다」, 연합뉴스, 2011.7.11
6) 정용관, 「심층리포트/국토정책 – 정치권 한마디에 국책사업 '덜컥'」, 동아일보, 2001.2.22
7) 「교육 포퓰리즘은 '저주받은 세대' 낳는다」, 대전일보, 2010.7.29
8) 고기완, 「지키지도 못할 '空約' 너무 많아요!」, 한국경제, 2011.4.8
9) 박혜경, 「부실정치가 낳은 동남권 신공항 참극」, 폴리뉴스, 2011.4.8
10) 김태철, 「75조 빚더미… 지방재정 파탄 위기」, 한국경제, 2011.9.14
11) 홍성율, 「체육시설 등 마구잡이 건립… 지자체들 예산 낭비」, 아시아투데이, 2011.7.25
12) 김태철, 「75조 빚더미… 지방재정 파탄 위기」, 한국경제, 2011.9.13
13) 이영철, 「MB 대선공약 이행률, "대구·광주 100%, 대전 43%"」, 아시아경제, 2011.4.13
14) 강원택, 「차기 대통령 리더십」, 동아일보, 2011.4.14
15) 이은경, 「한나라당 "차등 지원해야" vs 민주당 "백퍼센트 지원해야"」, 여성신문, 2011.1.21
16) 엄지원, 「"의무급식" "포퓰리즘" 아이들 밥그릇싸움 9개월」, 한겨레신문, 2011.8.24
17) 정위용, 「1인당 건보료 지금보다 3배로 는다」, 동아일보, 2011.1.10
18) 정승일, 「선진국은 온통 '부자 증세'…민주당, 무엇을 망설이나」, 프레시안, 2011.9.6
19) 「성장률이 예상보다 1%포인트 낮아지면 세수가 2조 원」, 동아일보, 2011.9.28